El Torniquete

"El ya basta de un pueblo"

Juan Manuel Lozada Acosta

ISBN- 10: **1530656710**
ISBN-13: **978-1530656714**

DEDICATORIAS

A mi adorada esposa:

        Obdulia

A mis hijos, mi mayor Tesoro:

        Diana Laura, Ivonne y Gustavo

A mi madre, Padre y Hermana (Q.D.E.P.):

        Albertina, Rafael y Rosa Maria

A mi hermana querida:

        Maria Esther

A mi Sobrina-hija:

        Alejandra

A mis Cuñados-hermanos:

        Refugio, Rufina y Maria del Rosario

A todos aquellos que pusieron su granito de arena y a los que me siguen apoyando.

"Gracias"

Prólogo.

"El ya basta de un pueblo"

Cuando me hablaron de "El Torniquete" me imagine que el libro hablaría de un torniquete para dejar pasar o tal vez un torniquete para detener una hemorragia o quizá un torniquete solo para apretar... pero no fue así, cuando te adentras al texto te vas dando cuenta de una realidad muy cruda que vive nuestro país, que la clase política sea cual fuese el partido se aprovecha de la ignorancia del pueblo regalando migajas de pan a cambio de un voto; eslogan que usa muy bien un candidato al 2018 pero que al final será más de lo mismo.

"El Torniquete" te explicara de una manera sarcástica pero muy divertida la realidad en México y lo que le va pasar a la clase política si no hace algo por cambiar su forma de gobernar, ya que si la clase política no cambia sabrán para que sirve realmente un torniquete, pero también te hace reflexionar acerca de generar un cambio de mentalidad en nuestro querido Mexico el cual solo se puede generar con educación y el esfuerzo de cada uno de nosotros, espero que disfruten el libro tanto como lo disfrutó un servidor. Un libro escrito por una persona que es un ejemplo a seguir, ya que a base de estudio, esfuerzo y dedicación es un empresario exitoso con miras siempre al crecimiento y a poner en alto en nombre de México.

Emilio Serrano Fragoso

"El derecho de rebelion es sagrado"
Ricardo Flores Magón

Prólogo del Autor :

Esta historia nace en tres pueblos lejanos, con una característica: bien jodidos los tres. Su credencial era el hambre y las carencias. Ocurrió un incidente inédito en su vida común: se rebelaron en contra de un diputado que iba a realizar campaña para su segunda diputación. Todo ocurrió súbitamente; una chispa se encendió; todos se contagiaron de una epidemia que se llama libertad, que se llama hartazgo y mandaron a chingar a su madre al candidato, pero primero lo juzgaron y le partieron su madre. No estoy seguro de si la tenía el cabrón, pero qué mejor que iniciar así la historia. Éstos son los argumentos. No son pueblos en especial, sólo son pueblos de un país cualquiera en el que impera la mierda de la corrupción, esa que a veces nos embarra a todos, claro, sin querer: un policía de transa, perdón tránsito, pagos de agua al municipio, en fin... Comencemos.

El Torniquete

Érase una vez un pueblo de cualquier país, jodido hasta más no poder, llamado Nadatengo. El pueblo estaba ubicado un poquito más allá de la chingada, adonde nos mandan a veces, pero no vamos. Era un pueblo noble de corazón, como la gente humilde que lo habitaba. Un día llegaron varios encopetados, bien trajeados los cabrones, contrastando con lo jodido de la gente, ya que la mayoría andaba en garras o harapos. Pertenecían a un partido político llamado el TRI. Cualquier semejanza con la realidad es pura pinche coincidencia. Traían un camión lleno de cajas con los colores del partido. Las cajas contenían frijol, arroz, tortillas de harina y maíz, lentejas, una bolsa de carne seca y una botella de agua. Sólo faltaron condones con los colores del partido, pero esto era un manjar para un jodido que vive de comer frijoles y chile. Vayan agarrando la idea de la penosa situación, porque a veces ni frijoles, puras rebanadas de aire y chile, más bien puro chile, y, claro, a esta madre se acostumbra rápido el ciudadano cuando no hay de otra: morirte de hambre o comer chile qué-pesadilla.

Natividad, el candidato a diputado, le dijo a su asistente Camilo:

— ¡Qué carretera tan jodida! ¿Por qué no se ha arreglado?

— No te hagas güey, Nati. Ese camino ya se debió haber arreglado como tres veces. Ya han dado dinero, pero tú lo desapareciste.

— ¡Cállate, güey! El dinero se usó para un fin noble.

— Sí, ojete, tus cuentas bancarias— le dijo riéndose Camilo.

El candidato se sacudió el polvo y le dijo a su asistente:

— ¡Ya déjate de babosadas!

— Hay un bache cada metro— protestó Camilo.

— Y qué, güey. Si se jode un pinche carro, pues tiene trabajo el mecánico. Los baches generan empleos — dijo Nati el candidato.

— Y también generan mentadas de madre — contestó Camilo. Y, a propósito, aquí no hay carros, puras carretas. El único carro es el del presidente municipal y la camioneta de la policía. Llegaron al pueblo de Nadatengo y se estacionaron frente al palacio municipal. El candidato bajo de su auto y apuro a su asistente;

— ¡Ya, güey, déjate de mamadas!— dijo Nati—, y júntate a estos pendejos: les vamos a regalar las despensas que compramos con su dinero, con los impuestos que les cobramos! Y hablando de impuestos, a ver qué otro chingado impuesto inventamos, porque ya necesito coche nuevo. El del año pasado ya está muy visto y mi catego requiere más atención.

— Sí, Nati —le dijo Camilo— fíjate que sí. Como que ya lo quemaste mucho, porque nos los chingamos cobrándoles por transitar por el camino que ellos hicieron para entrar al pueblo. Lo dejaron bien bonito, se juntaron todos y mira qué chulada hicieron: con piedra de río decoraron, hicieron unas figuras bien chingonas. Los güeyes son cabrones cuando quieren, y nosotros no pusimos ni un quinto.

— Así debe ser, Mamilo… ay, perdón, Camilo —dijo el candidato.

— ¡No mame, pinche jefe! Yo lo respeto mucho —dijo Camilo—. No chingue.

— Ya, güey, no aguantas nada.

— Pensándolo bien, ahorita estamos en elecciones: nada de impuestos — contestó Nati —. Y ya déjate de chingaderas y tráete a la gente. Que te ayude la bacinica, perdón el Nica. Por un pelo de gato y le ponen mierda… Nica Bacinica…

— Ay jefe, qué filosofía, qué inspiración… Debería de ser usted un escriba o un pueta…

— ¡Poeta, pendejo, se dice poeta! —reclamó Nati el candidato.

— No, está bien dicho —contestó Camilo—. Pueta por puto.

— ¡Ora sí, güey, ya te cargo la chingada por hocicón y pendejo! A mí nadie me dice puto — gritó el candidato.

— Ya, ya. Tú tampoco aguantas nada… y, bueno, se parecen las palabras —le dijo Camilo riéndose.

— Ya apúrate, animal, que el tiempo es oro y lo estamos perdiendo a lo güey con estos pendejos. Entre más pronto terminemos, mejor. Hay que hacer el teatro de siempre y nos largamos, y que sea rápido, cabrón. La gente apesta; me van a echar a perder mi perfume. Con lo que me costó, tragan todos estos ojetes una semana. La verdad, lo que tiene uno que hacer por un pinche puesto de mierda: te quieren tener un chingo de tiempo durmiendo en la cámara y hasta espantan los hijos de la chingada cuando llaman a votar. Eso sí, cabrón, un chingo de lana nomás por levantar el pinche dedo, por hacerle al pendejo, porque los de arriba deciden qué es lo que más nos conviene, para seguir disfrutando el presupuesto y todos los privilegios que da el poder. Ellos son expertos en hacer transas y también son magos, porque desaparecen el dinero, y son bien chingones, porque no se pierde un peso, se pierden millones y no pasa nada. Eso sí, empiezan a aparecer un chingo de donativos. Los donativos están de moda. Te pueden donar un rancho, una residencia, inventas una herencia de varios millones, lo que se te ocurra en bienes. Eso sí, debes ser político, porque, si no, te acusan de lavado de dinero y te carga la chingada. También si fuiste servidor público y apoyaste al sistema, tienes la protección divina del partido y te vuelves intocable. El pinche sueldo es bajo, nomás pa' hacerle al pendejo que no ganamos mucho. Pero hay comisiones que te pagan aparte, aunque sea el mismo pinche trabajo. Y luego un chingo de bisnes con empresarios: te dan lana por hacer caminos, carreteras, hospitales... Como dice el dicho: "el que quiera azul celeste que le cueste". En fin... Aquí hasta el más pendejo se hace rico. Las prestaciones están de poca: te pagan hasta por echarte un pedo... No es cierto, cabrón, pero en la próxima asamblea voy a proponer una prima extra por cada pedo de un diputado, y el porcentaje aumentará entre más apestoso sea. Me caí de madre que si al cabo somos mayoría, ya quedamos entre todos que al güey que se le ocurra una nueva prestación, lo vamos a premiar con una coperacha. Hay un chingo de lana. Los que pagan impuestos son un madral y alguien tiene que gastarse el dinero. Los ciudadanos están dormidos, todo se creen y las cuentas que presentamos siempre son aceptadas, porque todos roban, hasta los que fiscalizan el dinero. Por eso se hacen güeyes con las cuentas. Estamos en el paraíso: el dinero lo administramos, pero para nuestro pinche beneficio. Si no pa' qué chingao me parto la madre en la cámara de diputados. Ésta será mi segunda diputación. La verdad ya no sé en qué chingaos gastar tanto puto dinero que gané: ya compré ranchos, casas, carros de lujo y tengo un chingo de millones en mis cuentas bancarias.

— Oye, mi dipu —dijo Camilo—, ¿qué no siente gacho ver gente que se muere de hambre porque no tiene un pinche quinto para comer y tú con un chingo de lana, que mucha de ella era para esa gente, para programas sociales, para becar estudiantes de bajos recursos, hacer escuelas... en fin, un chingo de cosas para beneficio de los pobres, de los jodidos, de los muertos de hambre?

— ¡No mames, güey! —contestó Nati—. Ése es su pinche destino: si nacen jodidos, van a morir jodidos. Ya vienen marcados por la pobreza. Tiene que haber unos más jodidos que otros. Y si nacen con mala estrella, no es mi culpa. Imagínate cuántos millones de güeyes hay así. Además, un pinche pecadillo pasa, y tú también no te hagas güey, has tenido muchos beneficios: esa casota que construiste fue con material que te dio el gobierno, y ese carro que traes ¿de dónde salió?

— No pos sí, tiene razón, mi dipu —dijo Camilo—. De que chillen en mi casa a que chillen en la de ellos...

— Además — continuó Nati — necesitamos un pueblo pobre e ignorante para manejarlo a gusto, cabrón... ¿Para qué becamos estudiantes? Luego se hacen lidercillos y empiezan a chingar porque abren los ojos. Esta gente es inteligente, y con estudio se nos complica porque entiende la realidad de las cosas. Ya no la puedes engañar. Y también nos conviene que el pueblo esté hambreado, para que las despensas tengan un efecto casi sentimental en estos cabrones y nos den su voto. Así los hemos comprado siempre y así deberá ser. Estos güeyes son leales a quien les da de comer o les regala algo. Ése es el secreto — dijo Nati.

Ésa era la filosofía del ilustre candidato, la filosofía de un político, y éstos son los que nos gobiernan, que sí saben gobernar: entes que han heredado el don divino de chingar al prójimo, artesanos y artistas de la transa, la estafa y el engaño. Sus criterios, sus puntos de vista están moldeados por el dinero. Ésa es su razón de ser. Mientras exista y se maneje dinero, va existir el riesgo de ese cáncer social, y claro, que ellos, nuestros "representantes", lo manejen, lo administren. Entonces, ya valimos madre y seguiremos valiendo. Su interés por el poder no tiene límites. Y si algo les estorba, lo arrollan, lo quitan, para mantener a toda costa el dominio del poder… Pero, en fin, continuamos.

— Oye, cabrón — dijo Camilo —, ¿qué no diputado quiere decir puto, dice diputa y luego do?
— ¡Ya no mames y ve por esos ojetes! — gritó el candidato —. Me gusta ver la cara de felicidad de las pinches viejas cuando reciben la chingada despensa. Me aman las culeras, verdad de Dios. Algunas hasta lloran las pendejas porque van a ver comer a sus hijos.
— No diga pendejadas, candidato. A Dios no lo meta — dijo Camilo.
— No seas harto pendejo — comentó el candidato —. Si Dios no me quisiera, ¿tú crees que estaría aquí? Estoy aquí porque Él me lo permite. Si no, ya me hubiera llevado la chingada, o qué no.
— Ah, pos sí, pinchi Nati, tienes razón, cabrón. Te pusieron donde hay.
— Una vez que te elijan tienes el mundo a tus pies otra vez. Allá en la capital abundan los negocios. Un cargo público es un cheque al portador. Casi todos necesitan favores y tienen que pagar por ellos, y como obtienen un beneficio, pues pagan gustosos los güeyes. En todos los niveles sociales se cuecen habas.
— Estás bien iluminado — concluyó Camilo.
— Y qué inteligencia tengo — dijo el candidato —. Soy mucha leche.

— ¡Sácale, cabrón, ya empezó a venir la gente! — le dijo Camilo.

— ¡No mames, güey, no mames, no me alburiés! — comentó Nati.

— Pero, mira, candidato, está dura el hambre.

— Nomás se corrió el rumor de que les íbamos a dar comida y mira cuánto muerto de hambre: solitos vienen los güeyes.

— La verdad sí, jefe.

— Están bien pinches flacos y pendejos. ¿Por qué no le hacemos publicidad a eso de que están bien flacos pero sanos? Los mantenemos a dieta para que no se enfermen. Aquí no va a haber diabetes, ni presión alta, ni otras enfermedades — dijo Natividad.

— Sí, Nati, pero no chingues. Se mueren de hambre.

— Ya, güey — contestó el candidato —. ¡Qué tanto es tantito! Como dice un mamón que escuché: "¿qué tanto es tantito, tantititiiiiito?". Uno o dos güeyes que estiren la pata es normal. Eso es control poblacional: más aire para todos, más oxígeno. Aquí está tan dura el hambre que capaz que les pido las nalgas y me las dan a cambio de un taco o una torta.

— ¡Présteme atención, jefecito!

— Te voy a prestar pero el garrote — dijo Nati.

— Ya, jefe, no mame. Yo no me llevo así.

— Ya, güey. ¿Trajiste el discurso que me escribió Procopio? — preguntó el candidato.

— ¡Ah, chingao, el Procopio no sabe escribir ni leer! — dijo Camilo.

— ¿Y por qué el pendejo me dijo que él lo hacía?

— Fácil, porque está bien idiota ese güey y a todo dice que sí, con tal de quedar bien.

— Y ahora, ¿qué chingaos hago?

— Pa' qué se preocupa, jefe —dijo Camilo—, si dice puras pendejadas. Entre puro pendejo pues de seguro lo van a entender.

— Fíjate lo que dices, güey, me estás insultando —reclamó Nati.

— No, mi candidato — contestó Camilo.

— ¡Cómo que no! Me estás diciendo pendejo... Pero tienes razón. Estos güeyes ni cerebro tienen. A lo que yo les diga van a decir que sí como el Procopio.

— Ya ve, jefe... Mire, ya hay como trescientos cabrones, cabronas y cabroncitos. Según la lista deben ser todos.

— Sí, estos güeyes se la pelaron. Pensaron que íbamos a dar tortas y hasta la baba se les cae. ¡Mira cómo se les quedan viendo a las despensas! — dijo el candidato —. Es que no tragan estos méndigos.

— Pues no, jefe, no tienen pa' tragar. Aquí no hay trabajo.

— ¿Entonces de qué viven? — preguntó Nati.

— Algunos se van a trabajar a los ranchos a sembrar magueyes y la planta esa que se usa pal' tequila... el agave. La mayoría son peones; la mayoría tiene nopales, frijol y maíz sembrados en sus casas y también de ahí comen y les convidan a los que ni eso pueden sembrar — contestó Camilo.

— ¡Ah, el nopal es bueno pa' la salud...! Con nopales y frijoles la hacen — dijo Nati el candidato —. Con razón están verdes los güeyes de tanto tragar nopal. Hasta pensé que eran marcianos.

— Otros pues piden limosna — continuó Camilo — y hacen mandados o cualquier mamada y les dan sus pesos pa' tortillas, frijoles y chiles.

— ¡No mames, güey! — dijo el candidato.

— Ya, jefe, inspírese, pa' que le salgan las ideas, pa' irnos pronto... ya empiezo a tener hambre. ¿No le quiere dar un llegue al tequila que traemos en el carro?

— ¡No chingues, Camilo, yo no tomo cuando trabajo! Hay que respetar a estos ciudadanos — contestó Nati el candidato.

— ¡Úchale...! ¿De cuándo acá, si siempre llega bien pedo a las ceremonias? — dijo Camilo.

— ¿Oye — preguntó el candidato — y esas pinches tablas que pusiste en la tarima...? No me vaya yo a caer; te madreo, güey, si me rompo el pinche hocico.

— No seas menso, Nati. Las probé con diez cabrones. La primera vez sí se fueron de culo, pero reforzamos el templete.

— ¿El qué? — preguntó el candidato.

— Templete — contesto Camilo.

— ¿Y qué madres es eso? — dijo Nati.

— Donde te vas a trepar, güey. Y órale, que ya se están desesperando estos güeyes. Ni sueñes que te quieren escuchar. Vienen en automático por las pinches despensas. Te van a oír a güevo pa' llevarse su comida, y es lo mismo si no hablas. A propósito, me gusta cuando callas, porque estás como...

— ¡No mames, respétame! Soy la futura autoridad, dueño de almas y destinos — dijo Nati.

— Ay sí... serás Dios...

— Pues parece mentira, pero sí es cierto. Si yo quiero ahorita mato a un cabrón y no pasa nada. Nada más digo que se me salió un tiro y listo. El ministerio público me conoce, y el juez, aparte de que me llevo bien con él, ¿a quién le va a creer, a un pendejo o a mí?

— Pos pa' mí que le cree al pendejo...

— ¡Ah, hijo de tu madre! ¡Ya párale! Sólo lo que yo diga cuenta, cabrón. ¿Cómo la ves? — dijo Nati molesto. Aquí es el único lugar en que las leyes las usamos como un yoyo, y hasta hacemos el columpio, el perrito y varias suertes más con ellas. Los ministerios públicos acomodan todo a nuestra conveniencia, pierden expedientes, los desaparecen, se hacen pendejos al armar los expedientes, para que después no sirvan pa' una chingada; se inventan delitos al por mayor, claro, con su expediente, y no pasa nada. Así hicimos el sistema a modo, para chingar a quien queramos.

— Espérate — dijo Camilo —, ¿y nomas aquí las leyes se las pasan por el arco del triunfo?

— ¡Ya, güey! — contestó Nati.

— Donde nos convenga. ¿Pa' qué te haces pendejo?

— Puta... si no fuera cierto, no lo creería. Pero tiene razón — dijo Camilo.

— ¡Qué bonito es disponer de la gente en toda la extensión de la pinche palabra! — dijo el candidato.

11

— Oye, ¿ese güey qué hace aquí arriba? — preguntó el candidato Natividad después de subir al templete.

— Es Melitón, el comandante de policía, pa' poner orden.

— ¡No mames! Parece gorila desnucado y mal fajado; tiene el pantalón roto y se le anda saliendo un güevo.

— Es que no hay presupuesto pa' uniformes —contestó Camilo —. Acuérdese que se usó el dinero pa' la campaña...

— ¡Ah, chingao! Se ve bien el güey, ta' mamadote —dijo el candidato.

La gente empezó a aplaudir para que el candidato hablara; no necesitaban paleros; parecía un circo con un concierto de tripas en do mayor. En lugar de banda de músicos, la gente quería que hablara el candidato, aunque dijera puras pendejadas, y se fuera a chingar a su madre rapidito. Ellos sólo querían que les diera las despensas y poder comer un poco, para mitigar su hambre. Todo lo demás les valía madre. Ya estaban acostumbrados a escuchar las idioteces y mentiras que siempre les iban a decir. Cada vez que iban por votos, desafortunadamente a la gente sólo le interesaban los obsequios, los regalos que ya era tradición recibir; era una rutina de conveniencias: uno da y otro recibe; uno gana y el otro queda igual o peor, pero cada quien se va contento. Para el pueblo representan el comer uno, dos o tres días, dependiendo del hambre que tuviera; pero para el otro representan tres años de abundancia, de despilfarro, de abusos y de engaños; pero la gente, aunque esté descerebrada, busca líderes, que siempre los va a haber, porque ahí han estado, viven con ellos, son parte de ellos; en las revueltas aparecen, se dan a notar porque hacen valer su palabra; la gente los identifica al instante, los sigue y apoya; busca la razón en las personas, su buen juicio, y eso permite que se unan, que ayuden al menos a hacer bola para pedir o protestar. Y cuidado cuando haya uno o más líderes: las cosas cambian de repente, todos coinciden, unen sus intereses y entonces sí se chinga el opresor. En Nadatengo ya había una mezcla de descontento, de un malestar acumulado, de desconfianza, alimentados con dedicación y esmero de los funcionarios y servidores públicos, que piensan que las cosas nunca van a cambiar, que todo va a seguir igual, a modo, y que robar y transar es algo normal, cotidiano, que todos saben que está ocurriendo, pero lo consienten. Algunos idiotas, dicen, roban porque están donde hay: si yo estuviera allí, también robaría, y, de alguna manera, el que calla otorga. Pero se equivocaban. Nadatengo se había convertido en un caldo de cultivo que sólo necesitaba el ingrediente secreto, y éste había llegado en la persona de un candidato a diputado, uno más de muchos que ya los habían engañado una vez y otra vez haciendo promesas que nunca cumplieron. Y el candidato Natividad cometió el error de menospreciar al pueblo: pensó que un pueblo olvida fácilmente y que ya estaba acostumbrado a las mentiras, al engaño, a aceptar su realidad de gobernados, de ser unos pinches jodidos... como dijo Nati el candidato, al no pasa nada; no tienen los tamaños; no hay riesgo de reclamos. Pensaba que una bola de ignorantes vestidos con harapos era muy fácil de manejar; creyó que con un regalo los tenía en sus manos; era como darles espejitos y con eso bastaba. Pero, desafortunadamente, la gente es rencorosa y no olvida cuando le hacen una promesa que con ansia espera que le cumplan. Y si no recibe nada y se la vuelven a hacer una y otra vez, no se le olvida, no se resigna al engaño, no acepta que le vean la cara de pendeja. Así nada más con un no se pudo. Su yo interno dice "no se pudo, ¡pues chinga tu madre maldito mentiroso! Vas a ver, vas a ver, cabrón, cómo sí se puede". Y está esperando el momento, su momento, que siempre llega. El cómo, cuándo y dónde desahogarse había llegado. El cómo: soltar la furia interna de todos, soltar el descontento con acciones; el cuándo: era ahora o nunca; era el ya basta de un pueblo; el dónde: en Nadatengo. Todo estaba listo. Sólo faltaba encender la chispa; la mesa estaba servida, esperando a la muchedumbre para que iniciara el festín y se comiera vivo al candidato Natividad, a quien sólo le faltaba hablar y decir nuevamente sus pendejadas, sus mentiras, para firmar su sentencia de muerte, porque no había de otra: un traidor a la patria sólo merece eso, la muerte. Quien no cumple el juramento dentro de su cargo de cumplir con la Constitución y las leyes de su país, actuando y trabajando en todo momento por el bienestar del pueblo, merece eso. Se podría uno imaginar qué pensaba Natividad cuando juró lealtad al recibir su primera diputación. Por un lado, leyó la protesta de hacer cumplir la Constitución, etc., etc., y, por el otro, mentalmente su otra protesta: "ahora sí, cabrones, a hincharme de lana a sus costillas, pinche pueblo de mierda. Ahí les va la reata enmascarada". Qué sería mejor que dijeran esta última protesta, pues de todos modos nos la dejan caer y sin zacate…

— Órale, candidato, el pueblo ruge — dijo Camilo —, pero de olor. Así es que apúrese o me vomito. ¡Cómo apestan estos cabrones!

— Ya, güey, preséntame. ¿Quiénes más vinieron? — dijo el candidato.

— El pinche del presidente municipal, Ateneo, está bien pedo y no pudo venir por causas de fuerza mayor. Así que sólo está Palemón, el regidor, que también está pedo, pero no se le nota; Melquiades, nuestro subsecretario del partido... Pa' variar también anda medio pedo; su suplente a diputado, Ratael Tomatodo, y el comandante de la policía, Melitón Daputazos.

— Con esos tenemos pa' hacerle al pinche cuento. Todos medios pedos en el presídium, no vayan a fumar porque explotamos de tanto pinche alcohol. Oye, al presidente municipal Ateneo le voy a cambiar el nombre por Tenates.

— Sópleme mi ojito, mi candidato.

— Te voy a soplar pero la cola. Ya, güey, haz la presentación, que ya me quiero largar de este pinche pueblo bicicletero.

— Aquí no hay bicicletas: no les alcanza para comprar una. Vaya que están jodidos, mi candidato — dijo Camilo, su asistente —. No conocen las bicicletas. ¡Con qué ojos, divino tuerto! No tienen dinero para comprarse una.

— Será entonces un pinchi pueblo burrero — dijo el candidato.

— Bueno, ni a burros llegan; tampoco hay; se murieron de hambre. Bueno, sólo quedan unos pocos que usan pa' jalar carretas. ¡Ay, mi candidato! — dijo el asistente —, ¿dónde nos vinimos a meter? ¡Pinchi pueblo archirrecontramuerto de hambre!

— ¡Apúrate, güey, hay que irnos rápido, no se nos vaya a pegar la sarna — dijo el candidato — o alguna otra madre de enfermedad. No se nos vaya a pegar lo güey.

— ¡Uy, mi candidato! — dijo Camilo —, ahí sí ya se chingó porque ya se le pegó, y es crónica.

— Ya déjate de mamadas y preséntame — dijo el candidato, esta vez riéndose —. Y ya sabes que tienes que presentar a todos los que estamos aquí arriba. Y háblales con respeto, para que se la crean los güeyes, que sientan que los queremos. Acuérdate que estamos en elecciones. Es para lo único que sirven estos pinches apestosos. Hay que hablarles con dulzura, bonito, como poetas. Hay que decir frases casi amorosas, que se emocionen los pendejos, aunque por dentro los queremos mandar a chingar a su madre. Lo bueno es que esto no es muy seguido: cada tres años o seis años les tenemos que venir a ver sus pinches jetas y aguantar tanta ignorancia y pendejez, que irónicamente es la que nos tiene en el poder: la gente pendeja que se vende por una pinche gorra o una puta torta que luego les cobramos subiéndoles el huevo.

— Ya le está agarrando la idea ¿verdad, candidato? —dijo Camilo.

— ¡Te voy a agarrar pero las naylon! Te decía — comentó Nati — que todo lo que reciben lo pagan a precio de oro; con los impuestos recuperamos todo lo que se les da a estos güeyes. Pero bueno, vamos a apurarnos.

Se acomodaron en el templete y recibieron otro aplauso, un aplauso humillante para un pueblo con hambre, un aplauso a cambio de unas migajas. La dignidad de un ciudadano pisoteada por mentiras y un cinismo absoluto de un sistema monstruoso y corrupto, un aplauso que sonaba a lágrimas de impotencia, de rencor guardado hacia un amo implacable y déspota, pero que también llevaba un mensaje: cada palmada sonaba a ¡ya basta, cabrones!, ¡ya basta de chingar!, ¡ya basta de robar! Todos esclavos de un sistema podrido y corrupto que hace lo que quiere sin la anuencia del pueblo. Y la obra de teatro empezó...

— Honorables ciudadanos del pueblo de Nadatengo, señoras y señores, señor Regidor, don Procopio Robañón, señor don Melquiades Agarratodo del Hoyo, subsecretario general del TRI y personajes que nos acompañan, tengo el honor de presentar a ustedes a nuestro candidato a diputado, el licenciado Natividad Roboy Todano, ilustre ciudadano que lucha por sus derechos, que lucha para que tengan libertad, que lucha para que respiren libremente, que siempre los protege, que si algo le preocupa más que nada, es su seguridad, que no pasa un día sin que esté pensando en ustedes. Para nuestro candidato y nuestro partido, el objetivo es y será siempre el bienestar del pueblo, nada antes que el pueblo, siempre el pueblo. Nosotros daríamos la vida por ustedes... ¡Viva Natividad!

Un viva desanimado se oyó a lo lejos, así como varias mentadas de madre, y los del presídium se hicieron pendejos, como que no escucharon.

— Y ahora tiene la palabra el licenciado Natividad Roboy Todano.

Camilo aplaudió fuertemente y gritó con todas sus fuerzas:

— ¡Viva el candidato!

Y el pueblo, con hambre, buscó dentro, muy dentro la poca fuerza que le quedaba para poder gritar y aplaudir. Era humillante aplaudirle a un pendejo, pero no había de otra, pues si no, no se iba a largar pronto. Algunos aplaudían a lo güey; se dejaban llevar por el mitote; los demás, con los pinches ojos puestos en las despensas.

— ¡No se oye! — gritó Camilo —, y otra ovación y aplausos entre mentadas de madre se dejaron escuchar.

— ¡Parece que no comieron!

— ¡No hemos comido! — gritaron varios.

— ¡Tranquilos, vatos! — gritó el comandante de la policía, Melitón —. Aquí nuestro candidato les va a repartir despensas cuando terminemos de escucharlo; sean respetuosos; el que se pase de lanza se va al bote, pero antes le doy una madriza; ya los tengo bien ubicados, así que calladitos se ven más bonitos.

— Entonces le gritó Ponciano al comandante:

— Iba a decir qué bonita tu hermana, pero está bien pinche fea la culera.

— ¡Ora sí sacates boleto, güey: cadena perpetua por ofender a una ciudadana honorable — dijo el comandante —. Con mi hermana no te metas... y sigue de hocicón y te mando al paredón.

— ¿Al qué? — preguntó Ponciano.

— ¡A fusilar, pendejo!

— ¡'Tense sosiegos! — dijo Camilo —. Apreciable y honorable candidato, por favor, tome la palabra y dele su mensaje a su pueblo, a su amado pueblo.

— Les voy a dar pero pa' dentro — pensó Nati el candidato.

Antes de que empezara a hablar, salió don Pepe y lo encaró.

— ¿Ya vienes por más billete, cabrón? Ya fuiste diputado y no hicites una chingada por tu pueblo. Eso sí, te construiste varias casotas, si con tu pinche sueldo no te alcanzaría... puro robar, puro transar, engañar... Y ahora, ¿qué vienes a ofrecer, culero? ¿Traes unas pinches despensas, que luego te cobras a precio de oro? Nos suben impuestos, no hay trabajo, permiten que los ricos vendan más caro, pa' que se hagan más ricos; nos cobran las despensas casi con nuestra vida, cabrones abusivos; deberías de dejarnos una foto, aunque estés bien pinche feo, cabrón, para recordarte y mentarte la madre, porque cuando te elijan, cuando ganes, nos vas mandar a la chingada y nunca más te vamos a volver a ver; nosotros te vamos a elegir, vas a ganar por nosotros, te damos nuestra confianza y el pinche voto, que les sale barato, porque aquí la gente es noble y por una pinche despensa votamos por ustedes; nos pagan el voto ignorándonos, dándonos migajas si bien nos va... ¡Qué poca madre tienen, verdad de Dios!

El comandante Melitón se bajó en chinga del estrado y, pistola en mano, se paró frente a don Pepe.

— ¡Cállate, cabrón, o te parto tu madre aquí mismo!

— ¡Chinga tu madre, pendejo lambiscón! — le dijo don Pepe.

El comandante iba a disparar cuando Tiburcio, un robusto campesino de casi dos metros, le dio una patada tal entre su espalda y su enorme trasero, que lo aventó al suelo en medio de una nube de polvo. Y de inmediato dos perros flacos se le fueron encima, ladrando con el poco aliento que les quedaba: eran tan flacos que se les veían los ladridos. Melitón quedó panza arriba en el suelo, con el hocico lleno de tierra y polvo y los perros encima de él olfateándolo.

— Después te parto tu madre, Solovino — pensó al reconocer al perro que tenía encima. Pero no podía moverse porque sabía que podría valer madres. El Solovino lo reconoció y lo empezó a lamer. Sin hablar, Melitón pensó: — ¡Pinche Solovino, te voy a hacer barbacoa, cabrón, vas a ver ojete!

El comandante, acostumbrado siempre a usar su prepotencia y el poder que le habían dado, de inmediato olió el peligro como el animal y la bestia que era, y, aunque tenía fuerzas para levantarse, pensó: —De pendejo me paro. A estos güeyes se les metió el diablo. Aquí me hago güey, estoy más seguro en el suelo... ¡y tú, pinche perro, vas a ver cabrón, nomás que pueda te voy a colgar de tus pinches huevos sarnosos! El Solovino lo veía con ojos de amor y ahí la dejamos...

La pistola salió hacia la multitud y la tomó Mariano. El comandante quedó seminoqueado. (¿Cómo lo van a noquear por el fundillo? Más bien se estaba haciendo pendejo). Mariano se quedó a su lado apuntándole con su pistola.

— ¡Sí, es cierto, cabrón! — gritó la gente indignada —, ¿qué chingao vienes a ofrecer? Y empieza a repartir las despensas o vas a valer madre.

— Tranquilos, ciudadanos, honorables ciudadanos — dijo el candidato.

— ¡Honorables tu chingada madre! ¡Chinga tu madre, pinche ratero de mierda! — le gritó Mariano.

— ¡Llama al ejército, pendejo! — le dijo a Camilo el candidato.

— ¿Pa' qué, güey? En lo que llegan nos van a partir la madre. Te dije que trajeras escolta, pendejo, y me mandaste a la chingada diciendo que con las pinches despensas iban a estar contentos. Dijiste que aquí no pasaba nada, que era un pueblo de pendejos haraposos, que no se atrevían ni a mirarte a los ojos, y mira nada más... te los andan sacando en un pinche descuido.

— ¡No mames, güey! Si me carga la chingada, a ti también. Improvisa, güey, o valemos madre — le dijo Camilo al candidato.

— ¡Déjenme les explico! — dijo sudando el candidato. — Hubo una crisis externa y todo el dinero se lo llevaron los pinches gringos por la deuda que tenemos con ellos.

— ¡No te creemos, pinche ratero! — dijo Eusebia, una morena robusta con unas chichis enormes del tamaño de su cabeza, que la hacían ver gorda… más bien parecía una bola amorfa sin forma, valga la redundancia, pero con una fuerza impresionante—. En cuanto seas diputado te largas a la chingada y no te volvemos a ver hasta las próximas elecciones. ¡Te crees Dios, hijo de la chingada! — le dijo Eusebia levantando la voz, más bien gritando—. Cuando eras diputado fuimos a verte a la capital a tu oficina, te vimos, culero, allí estabas y dijiste que estabas en junta y sólo nos podías atender hasta la próxima semana, y era lunes… ¡Qué poca madre! Sí te acuerdas, ¿verdad, culero? Te elegimos para que vieras por nosotros y nos mandaste a la chingada. Hubo una epidemia de diarrea porque nos dieron despensas echadas a perder y queríamos apoyo para curar a nuestros hijos… y tú, culero, te hiciste pendejo. ¿Qué clase de mierda eres? Y todavía tienes el pinche descaro de venir otra vez a pedir votos… ¡Ora sí te vas a ir a chingar a tu madre tú y toda esa bola de cabrones rateros! ¡Ya estuvo suave de estarnos chingando nada más! ¡Sólo se hacen ricos ustedes y toda su pinche descendencia a costa del sufrimiento de nosotros! ¡Ya estuvo suave, cabrones!

La gente se prendió; Eusebia, con su comentario, firmó la sentencia de muerte del candidato; el pueblo sólo necesitaba una chispa y Eusebia la encendió; ahora el candidato y su gente estaban en peligro y a merced del pueblo, y el pueblo ya no lo iba a soltar, no lo iba a dejar; él mismo se fue a poner en charola de plata. La gente de forma violenta se fue sobre el camión de las despensas.

— ¡Mira lo que hacemos con las despensas! —dijo Espiridión con una antorcha en mano—. Las vamos a quemar.

— ¡No chingues, Espiridión, tenemos hambre! — dijo Tranquilina, poniéndose enfrente del camión —. Si quieres quemar, quema a estos pendejos, que sirven para pura chingada y no saben hacer otra cosa más que robar y chingar al que se les ponga enfrente. No seas pendejo. Sabes que tenemos hambre. ¿Cómo las vamos a quemar?

— Sí, no seas güey, Espiridión — dijo don Pepe —. Hay mucha gente que no ha comido.

La gente empezó a repartir las despensas. Acto seguido, bajaron arrastrando a todos los del templete, empujaron al candidato, quien se fue de hocico y se rompió una mano; empezó a chillar del susto.

— ¡Ora sí nos cargó la chingada! — dijo Camilo —. No llore, pinche candidato. Cuando robaba todo era felicidad; ¡ora se aguanta, puto!

— ¡Chinga tu madre, güey! Si me matan, el país va a perder a un hijo pródigo — dijo el candidato —. Yo sí sé gobernar: me enseñó el partido a gobernar pendejos; me enseñó qué darles para tenerlos contentos y cómo hablarles bonito para que se crean las mentiras; ellos las hacen realidad en sus pinches sueños... Vaya que saben soñar estos pendejos que sus hijos van a poder estudiar. ¡Cómo no! Esa lana pa' educación la usamos para publicidad y cuidar nuestra imagen y, claro, para gastos de nuestro partido político.

— Le dije, mi candidato, que no se metiera con Dios, y mire a dónde lo vino a poner Diosito: a donde le van a partir su madre completita, con el perdón de la palabra. Pero Dios no castiga — dijo Camilo —. El que se castigó fue usted mismo con sus acciones.

— Ya, pendejo, no me vengas con reproches. Tú también te has hecho rico conmigo, no te hagas güey — le dijo Nati a Camilo agarrándolo del cuello.

— ¡Ya, calmado, tranquilo! — asustado le dijo Camilo.

— Tienes razón —dijo el candidato —, ¿pero qué les pasa a estos hijos de la chingada? Se les metió el chamuco.

— Usted sabe cómo es la política — dijo Camilo —. Si se apendeja, se lo chingan. Mientras esté arriba todo es felicidad, y aquí usted ya valió madres, porque se echó encima al pueblo, y de una vez le digo que los de arriba se van a hacer pendejos y casi seguro se ponen del lado del pueblo, porque eso es lo que les conviene.

— ¡Ya déjate de pendejadas y defiéndeme, cabrón!

— ¡No mame, cómo voy a poder con tantos! Ya llegaron más y traen machetes.

— ¿Pero qué les hicimos a estos ojetes? ¿Por qué nos agreden? — dijo el candidato.

— Por eso, porque no hicimos nada por ellos: todo el dinero se lo chingaron.

— ¡No puede ser! ¡Por qué me pasa a mí esto con estos pinches indios de mierda!

— ¿Qué dijiste, cabrón? — dijo don Pepe.

En eso estaban cuando llegó el maestro Euliquio, de la escuela primaria al aire libre, porque no existía un aula siquiera. Los alumnos se sentaban en piedras y el maestro usaba el suelo para escribir con una rama.

— ¿Qué pasa aquí? — dijo el maestro —. Ustedes no van a lastimar a nadie.

— Perdone, mi maistro, pero éste es asunto del pueblo, y a estos cabrones, rateros de mierda nos los vamos a chingar, para que sirva de escarmiento a otros culeros que quieran venir a vernos la cara de pendejos, como siempre lo han hecho. Pero ya estuvo bueno — dijo Espiridión.

— Yo también soy del pueblo — gritó el maestro —, y tú, Pepe, tienes más cordura — le dijo el maestro —, tranquiliza a estos señores.

— ¡Ay, maistro, estos güeyes se han ganado a ley la chinga que les vamos a poner! Ese culito me está pidiendo a gritos que le dé unas pinches patadas pa' sacudirle el polvo.

— ¿Nomás te pide patadas? — dijo Honorato.

— ¡No mames, güey, yo no le hago a eso!

— Mire, maestro — le dijo Pepe —, estos cabrones sólo vienen a burlarse de nosotros, a presumir relojes, cadenas de oro que compran con nuestro dinero, coches de lujo… y a nosotros ni una pinche escuela nos han podido hacer. Si nos enfermamos, valemos madre, porque no hay dinero pa' un hospital o ya de limosna una clínica. Eso es tener muy poca madre, y eso que nos utilizan a nosotros para construirla. Tienen mucha hambre de dinero, como perros tras los huesos, con el debido respeto para los pinchis perros. ¿Qué hacemos?

— Ya se ganaron a ley que se los cargue la chingada — dijo Plutarco.

— Hay que colgarlos de los güevos, pa' que paguen sus pecados los cabrones — comentó Melquiades.

— Propongo que los subamos despacito a un árbol entre todos, amarrados de los huevos y los dejamos caer, pa' que se desgüeven los culeros.

— No chingues, Melquia — dijo don Pepe —. Eso no es cristiano. Mejor traemos un puerco salvaje y que se trague los güevos de estos cabrones fresquecitos.

— ¡Ay, santo Dios! — dijo el maestro —. No la amuelen. ¿Pues qué clase de salvajes son?

— Sí, maistro, pero acuérdese que el hermano de Melitón, Ponciano, nomás desapareció, y el Felipón dijo que vio cuando lo levantaron los policías en su camioneta, y los únicos que tienen carro son estos cabrones; lo mataron y lo fueron a aventar al barranco del Lobo, todo apuñaleado, y nomás porque fue a la presidencia menecipal a exigir agua junto con sus vecinos, pero, como era el más bravo y gritón, se lo chingaron porque se puso perro. Eso no se nos olvida.

— Bueno, yo propongo — dijo el maestro Euliquio — que dejemos al candidato dar su discurso, a ver qué nos viene a ofrecer.

— Acuérdese, maistro, que estos cabrones no tienen palabra. Si los dejamos ir, nos chingan. Ese puto comandante está vendido con ellos y obedece como perro a lo que le ordenen. Ya nos tiene bien medidos a todos y nos irían chingando poco a poco, como le pasó al hermano de Melitón.

— No, señores — dijo el candidato —. Hacemos un pacto de caballeros: yo les doy mi palabra o les firmo el compromiso ante notario público.

— Sí, güey — dijo don Pepe —, pero tu puta palabra no vale nada, igual que tu pinche firma y la del pinche notario, que es igual de ratero y transa que tú. ¿Cuántas veces has prometido algo y nunca has cumplido?

— Sí, Pepe. ¿Te llamas Pepe? — contestó el candidato.

— Para usted soy don Pepe, pinche igualado de mierda.

— Perdón, don Pepe — continuó el candidato —. Ahora es diferente: está mi pellejo en juego.

— Ta' bien — dijo don Pepe —. A ver, güey, te vamos a dar una oportunidad: te vamos a dejar dar tu puto discurso, pero, la verdad, sólo vamos a perder el pinche tiempo escuchando puras pendejadas y mentiras, como acostumbran siempre. Creen que no tenemos cerebro. Aunque no tenemos estudio, nos damos cuenta de lo culeros que son y cómo siempre nos engañan. Yo no quiero escuchar un pinche discurso que diga "por el pueblo, señores, por sus hijos e hijas vamos a trabajar". Nomás se hacen pendejos. Nomás mencionan el pueblo cuando vienen por votos, a vernos la cara de güeyes, pero ya se les acabó la chichi. Habla, cabrón, pero fíjate bien en tus palabras, porque hay un dicho que dice que por el hocico muere el buey...

— El pez — dijo el maestro Euliquio —, el pez.

— ¡Ah, qué ganas de perder el tiempo a lo pendejo! ¡Pártanles su madre y ya déjense de babosadas, culeros maricones! — dijo Eusebia —. La tortolina gritó: — Yo vine nomás para tener qué darles de comer a mis hijos siquiera un día.

— No, señora — dijo el candidato —. La despensa alcanza para una semana.

— ¡Chinga tu madre, pinche hambreador! — contestó Eusebia —. Es tanta el hambre de mis hijos, que se tragan todo en un día, cabrón. Ya tienen tres días sin tragar. ¡Tú tragas en plato de oro a mis costillas, pinche ojete de mierda!

Gritó Eusebia, jalándole los cabellos al candidato, quien exclamó aterrorizado:

— ¡Ay, ayúdame, Camilo!

— ¡No mame, jefe, me traga esta pinche vieja!

— ¿Qué dijiste, pendejo? — dijo Eusebia, arañándole la cara a Camilo, quien se puso a chillar.

— ¡Ay, culera, no mames! —. Lo que hizo que Eusebia le diera una patada en los güevos a Camilo, quien cayó desmayado.

— ¡Qué puto es este güey. Nomás sirven pa' chingar, pero pa' los trancazos son unos pinches maricones de mierda, con el debido respeto a los maricones, que sí le andan partiendo su madre a uno.

— No, no les queda lo de maricones; éstos son putos — dijo Espiridión.

— Verdad que sí — dijo Eusebia, quien se quedó con un manojo de greñas de Camilo —. ¡Ay, güey, ya me salé de por vida! Estas pinches greñas están malditas, son de rata, de perro y gato.

— ¡No chingues, Eusebia! — dijo don Pepe —. Esos animalitos qué culpa tienen. Ellos roban pa' comer. Además, ¿cómo comparas a un perro con estos güeyes? Los perros son nobles y fieles y además están bonitos, bien pinches flacos pero bonitos. ¡Claro que no se parecen!, pero estos güeyes roban y roban y nunca se llenan. Es como una maldición: cuando tocan el dinero, ya se chingó todo. Les entran los demonios del hambre por el dinero y es un vicio que nunca van a dejar, sobre todo porque es dinero ajeno, no les cuesta nada, simplemente buscan la manera de estar jodiendo y engañando al prójimo, chingan y chingan al que se les pone en frente, día con día, año con año.

— ¡Ah, cabrón! — dijo Eusebia — ya te hiciste pueta...

— Poeta —dijo don Pepe.

— No, pueta por lo puto —dijo Eusebia.

— ¡Ya estuvo bueno! — dijo don Pepe —. Súbete pa' arriba y danos tu puto discurso, Nati.

— ¡Ay, cuánto amor! — dijo Eusebia —. Terminando se van al cuarto. ¡Cuál cuarto! Al pinche maizal, pa' que se les lije el culo.

— Ya, Eusebia — dijo Euliquio —, no seas vulgarcita.

El candidato subió a la tarima temblando. En toda su vida jamás había sentido miedo y temor a la muerte. La sensación de impotencia al estar a merced de alguien que lo podía matar le hacía sentir un escalofrío que le recorría el cuerpo. Era un miedo que le calaba hasta los huesos. Esa sensación le iba y venía, ese miedo a lo desconocido.

Aunque el morir pueda tardar segundos, lo hacía temblar, un temblor de miedo a la muerte. Saber que el destino inmediato es el final donde todo termina, donde se iban a acabar los lujos, los excesos, donde todos los tesoros acumulados iban a cambiar de dueño, iba a pasar de una forma física a ser espíritu... le iba a llegar la muerte... Qué ironía... Un día antes se gastó miles de pesos en una borrachera, disfrutando, a su entender, la vida, con mujeres y amigos, y ahora de repente resulta que te vas a morir...

— ¡Ay, cabrón! — diría don Pepe —. ¡No chinguen!

Como en una película, empezó a tener recuerdos fugaces con su familia, a recordar fiestas tipo romano con comida abundante, sus viajes en avión al extranjero, sus propiedades... Sintió un nudo en la garganta como preludio de lo que le iba a suceder. De repente, sintió que se desmayaba. La idea de la muerte le iba y venía. Se negaba a creer que iba a morir...

— ¡Yo por qué chingaos! — se decía —. Esto no puede estar pasando, es un sueño y voy a despertar pronto.

Pero no, los gritos de enojo de la gente lo ponían en su cruel realidad.

— ¡Y ahora qué chingaos! Si me muero, me van a juzgar allá arriba, y allá no hay dinero que valga, no existe. ¿Qué voy a decir cuando me juzguen? ¿Con qué me voy a defender? No puedo ofrecer nada, porque nada me puedo llevar. Nunca le he tenido miedo a Dios, pero ahora sí me voy a condenar. ¿Qué me irá a pasar allá arriba? De seguro me van a mandar al infierno por los que se murieron de hambre. Allá no van a entender que nacieron jodidos. Allá todos somos iguales...

Y otro sudor frío le recorrió el cuerpo...

— ¿Por qué no ayudé a ningún cabrón del pueblo? Con uno me hubiera salvado. Ya valí madres aquí y allá arriba.

El candidato estaba acostumbrado a los halagos, a que le hicieran la barba, a que todos le hablaran con dulzura, con hipocresía, a que le hicieran reverencias para pedirle favores; los favores dan dinero en la política; así ha sido siempre; su palabra era la ley, pero aquí estaba en un ambiente diferente; su vida había dado un giro de 180 grados: de ser un rey, pasó a ser un vil delincuente, el peor criminal y que merecía la muerte, al que nadie se le quería acercar, como si fuera un leproso de tiempos lejanos.

— ¡Ya deja de sudar y temblar, cabrón! — le dijo don Pepe—. Ustedes sí saben gobernar, pero pa' chingar. Así lo han hecho siempre. Pa' dar discursos son chingones, su lengua es viperina entre ustedes, se burlan de nosotros, se aplauden y saludan entre ustedes. Cuando terminan un acto, eso para nosotros es una burla, hijos de la chingada. ¿De qué se felicitan, de que nos están viendo la cara de pendejos, como siempre? Entre víboras no se hacen daño. Bueno... — dijo Pepe.

Todos se acomodaron a su alrededor, pero era otro ambiente: ya no querían despensas, querían justicia, querían escuchar de una manera distinta a todas las otras veces. Ahora ellos mandaban. A diferencia de otras ocasiones, el candidato no iba a decir palabras bonitas, adornadas, llenas de mentiras, como lo hacen siempre que hablan de promesas que nunca cumplen. Los discursos son frases de muerte, porque se elige a quien luego mata, secuestra o desaparece ciudadanos en complicidad con la delincuencia. Quizá no en todos los casos, pero un delincuente da dinero, da millones y hay que protegerlos. Son parte del negocio, los discursos de los políticos son palabras huecas, son letras muertas, sin sabor, ni olor, sólo son parte del guion de una obra teatral grotesca, en el que se tienen que dar, porque así está escrito, así lo dice el argumento, así lo dice el guion, en el que se da un mensaje lleno de ilusiones para muchos, lleno de mentiras; para ellos no son necesarios los discursos, pero es parte del teatro de la guerra sucia por el poder, de su procedimiento para obtener un puesto en el gobierno, un puesto que utilizan para ellos, como si se les regalara; nos humillan al querer hacer un trámite, al querer sacar un permiso; nos extorsionan y lo permitimos, pero todo tiene un límite, y en Nadatengo lo rebasaron, saltaron la raya, brincaron la cerca, esa que despierta al gigante dormido, que convierte al más pobre, al más humilde en un guerrero formidable, porque se multiplica por miles, y cuando piden, dan temor, porque son miles; sus voces unidas se convierten en truenos que retumban en los oídos y hasta los sordos los escuchan. Aquí es cuando un jodido tiene valor, tiene peso, deja de ser un don nadie y pasa a ser un ciudadano importante, y sólo con su voz gana batallas, con su presencia derrumba gigantes, esa gente humilde y noble que siempre dice que sí, que obedece, que le da el poder al gobierno para que abuse de ella. Cuando descubre el engaño, se acabó el tirano, se acabó el gobierno; ahora había un ambiente distinto; hasta ellos se sentían raros, ellos mandaban, ellos decidían; estaban sueltos, no tenían mecate, no tenían soga; podían decir lo que quisieran; sin recibir castigo, le podían mentar la madre a un candidato o a cualquiera y no pasaba nada. ¿Por qué? Porque ellos mandaban. Era una sensación rara de estar libres, de hablar de tú a tú con alguien a quien no se atrevían a levantarle la mirada, de descubrir que eran iguales, que también se podía cargar la chingada a los trajeados como a todos. Se contagió la multitud, se embriagó de libertad, se embriagó de poder, de un poder incontrolable, del poder del pueblo, de la gente, y lo usó inmediatamente. Todos eran uno solo: si agredías a uno, agredías a todos; si ofendías a uno, ofendías a todos y tenías a un gigante monstruoso encima; no tenías adónde ir, adónde correr; los candidatos sin esencia, pendejos, que no los elige el pueblo, los hijos de candidatos, las esposas, los hermanos, todos quieren robar, no gobernar. Quizás éste es el gran problema: se eligieron para gobernar, no se eligieron para robar. Sólo hay que aclarárselo. Los elige la corrupción partidista, los elige un sistema que nosotros aprobamos haciéndonos güeyes a sabiendas de que son deshonestos, mentirosos y rateros, pero ahí están porque queremos, porque lo permitimos. Pero aquí en Nadatengo ahora era diferente. El pueblo había dicho "¡basta!", "¡ya estuvo bueno de tanta chingadera!", y al candidato no le quedó de otra que dar su discurso, quizás el último de su carrera. Nati empezó a hablar…

— Sí, tengo miedo — dijo el candidato, y empezó su discurso con tengo miedo —. Nunca había sentido lo que hoy me agobia, tengo el temor que no me deja hablar ni pensar... Pero, ¡qué chingaos!, si me van a matar, ¡qué le hago al güey! Está bien, señores, la verdad sólo venimos a hacerle al pendejo unos minutos para ganar su voto, y digo hacernos güeyes porque siempre ganamos. Yo para ser candidato tuve que hacer favores: dar dinero de ustedes a los jefes de arriba para que me asignaran la diputación, mucho dinero. Claro, yo me lo cobro más adelante ya siendo diputado, y el dinero que tengo que dar se convierte en una mierda comparado con el dinero que gano. Otros me piden favores y aquí se cobra todo. Ya saben que un favor cuesta, y cuesta mucho dinero. Su voto es de oro porque se convierte en oro cuando ganamos. A los jefes, igual que a mí, ustedes les valen madre. Si viven, si mueren, si no tienen para comer, si sus hijos tienen que chingarle porque no hay dinero para ir a la escuela. Y aquí hay un punto importante: no se reparten becas, aunque haya un chingo de lana, porque nos conviene que sean pendejos. Entre más pendejos mejor, porque así no trabaja su cerebro, no se hace ágil y sólo piensan en tragar y tener un pinche jacal para vivir. Si se enferman, se los carga la chingada, y entre menos burros más olotes. Ustedes son como un rebaño de ovejas que arreamos pa' donde nos convenga. Si se pierde una, no hay pedo, nacen más. Los acarreamos adonde queramos, les damos tortas y un paseo y van felices, con el cuento de que se va a apoyar a fulano o a mengano, quien a lo mejor nos va a hacer un camino o una clínica. Son un pueblo chingón porque no protestan, no repelan. Sí piden, pero nomás les decimos que sí y se van contentos, aunque no les cumplamos. Se pasan su pinche vida esperando una promesa, y cuando después de mucho tiempo nos vuelven a ver, si son afortunados, nomás les decimos que no se pudo, no alcanzó la lana, y a veces se encabronan, pero ya no insisten. Todo se creen. Son un pueblo noble y pendejo. Entre ustedes mismos se chingan, están desunidos, cada quien jala por su lado y así es más fácil chingarlos. Si hay revoltosos, les partimos su madre y se acabó. Nomás decimos que lo asaltaron o se accidentó por pendejo y todo solucionado. Todo nos creen, son nobles, pero sobre todo pendejos. Ahí está la policía: son del pueblo, son su sangre, pero les decimos que son autoridad y se la creen. Si les ordenamos matar a alguien, se lo chingan, lo desaparecen y nadie dice nada. Entre ustedes mismos se chingan, y no se cuidan unos a otros. Les gusta el chisme y son envidiosos; a nosotros sólo nos sirven pa' hacer mitotes y votar; son un chingo de cabrones. En cuanto al dinero, dinero sí hay de a madres, pero para nosotros, no pa' ustedes. No lo sabrían gastar ni en qué chingaos; nosotros sí tenemos cuentas bancarias, con dinero hasta la madre; nadie nos dice nada, porque el que lo debería hacer está igual que nosotros: con un chingo de lana y cuentas en el banco, hasta el pinche perro tiene una cuenta a costa de ustedes; le llaman círculo de poder; nos protegemos todos. Eso sí, si alguien se equivoca y la caga y todos se enteran que transó, se lo carga la chingada, y ya lo saben, se van al bote por pendejos. Pero sólo están unos pocos años o poco tiempo, nomás pa' hacerle al pendejo, para taparle el ojo al macho, y después, a disfrutar lo robado, perdón, lo ganado. La educación es lo peor que le puede pasar a un político, porque ya piensan y se les quita lo pendejo, se vuelven revoltosos, y hasta eso no todos. A muchos se les da trabajo, buen sueldo y les vale madre si los políticos no cumplen; los compra el sistema, el puto gobierno, pa' que entiendan, y ahí la seguimos llevando. Pero el pueblo manda. Cuando se unen, valemos madre, cuando exigen y se arman, se nos cae el teatro. Aunque no estén armados, si son muchos, tienen poder: la bola espanta. Si se unen, valemos madre. Ahora aquí, con ustedes, yo no soy nada; ustedes mandan.

El candidato calló un instante...

— Bueno, éste no es el discurso que les iba a dar. Mi discurso empezaría con "queridos ciudadanos, no saben el gusto que siento al poder verlos, los extrañaba" y un chingo más de mamadas que ustedes están acostumbrados a escuchar y que les gusta escuchar, aunque saben que no es cierto. Se hacen pendejos, se engañan ustedes mismos. No sé qué más quieran que les diga. A mí ya me cargó la chingada...

— Pos sí, puto — dijo don Pepe —, ya te cargó, pero, mira, me gustó que no fuiste hipócrita: te ganaste un pinche tiro en el mero corazón, pa' que no sufras, güey.

— No, Pepe — dijo el maestro —, aquí decide el pueblo y el pueblo ya lo juzgó: este güey es un traidor a la patria confeso.

— Sí, pero acuérdate que pidió a un juez —dijo Pepe.

— Y tú lo enviarías con un juez — contestó el maestro —, para que lo libere al otro día diciendo que no hay pruebas. Ya sabemos que estos ojetes manejan la ley a conveniencia: el dinero, sólo el dinero es lo único que les importa. Con eso compran todo estos cabrones.

— Sí — dijo Eusebia —, la chingadera es que es con nuestro propio pinche dinero, y nosotros siempre haciéndonos pendejos, nomás mirando. ¡Ya estuvo suave! Ellos sí nos matan, nos desaparecen, nos violan…

— Eso quisieras, pinche Eusebia — dijo Pepe.

— Vas a ver cabrón. Orita te parto tu madre — contestó Eusebia.

— Ya, por favor — dijo el maestro —. Eusebia tiene razón. Ellos hacen justicia como se les da su chingada gana, así de fácil, dizque porque son la autoridad. Si te robas una gallina, te meten al bote. No les importa que tus hijos se estén muriendo de hambre: te encierran, según para escarmentar. Eso sí, los culeros matan, roban, violan…

— Tú también, maestro — dijo Pepe.

— Ya no mames, Pepe — dijo Eusebia.

— Ta' bien, cabrones — se sonrió Pepe.

— Les decía… — dijo el maestro — no respetan la justicia.

— Sí —dijo Tadirio, el cantinero —. Se la pasan por los güevos, y ya estamos hasta la madre de atropellos todos los días.

— No es cierto — dijo Eusebia —. Es un día sí y otro también. En fin, aquí decidimos cómo se muere este cabrón.

— ¡Al torniquete! — empezaron a gritar —, ¡el torniquete, el torniquete!

— Y así va a ser — dijo el maestro.

— Todo el pueblo gritó:

— ¡Que pague por traidor a la patria, eso es pena de muerte!

— ¡Que muera el cabrón! — gritaron varios.

— Tranquilos, señores — dijo el maestro —. A ver, vamos a proceder a ejecutar sentencia.

— ¡Ah, chingao!, hablaste como pinche juez vendido — dijo Pepe.

El candidato, desmayado, fue llevado al centro de la plaza, a 20 metros en línea recta. Colocaron dos caballos a una distancia igual entre sí. También al candidato, acostado en el suelo, le hicieron pasar una soga, que le dio dos vueltas al cuello, amarrando cada extremo de ésta al cuello de cada caballo.

— ¡Momento! — dijo Pepe —. Así no, se va a soltar. Hazle un nudo de cochino y ahora sí a cada caballo.

Ése era el torniquete, nada que ver con el de la santa inquisición. El candidato despertó y empezó a gritar:

— ¡No chinguen, cabrones! Quiero que me juzguen.

— Ya te juzgamos, pendejo — dijo Casimiro —, y como es traición a la patria, ya valiste madre. Todos los aquí presentes escuchamos tu confesión, te declaramos culpable y vas a morir como lo mereces. El pueblo es tu juez, y como pueblo tenemos el derecho para condenarte, para juzgarte.

— Eres un traidor a la patria — dijo el maestro Euliquio.

— ¡Fusílenme, pero no me apliquen el torniquete! Prefiero una bala, no una soga — gritó el candidato Natividad.

— Piénsenlo bien, va a venir el ejército — dijo el asistente del candidato, Camilo.

— Nosotros no andamos con chingaderas — contestó don Pepe —. Puede venir hasta tu puta madre y aquí se la va a pelar, pendejo. Ya estuvo suave de seguir permitiendo que nos gobiernen ladrones, hijos de puta...

— Pero ustedes nos eligen — dijo el candidato.

— Sí, con engaños y triquiñuelas, hijo de tu pinche madre, y con mentiras; usando el dinero del pueblo, se acomodan — dijo Eusebia —. Ustedes son unos cabrones, que todo compran con dinero, y la peor chingadera: con nuestro dinero compran el voto con una pinche torta de mierda, y ustedes se tragan el pastel completo. Ya estuvo suave. El pueblo ya te juzgó, candidato, por ladrón, por traidor y culero.

— Ya, Eusebia, deja a este pendejo. A ver, cabrón, ¿cuál es tu última voluntad? — dijo don Pepe.

— Mi última voluntad es que todos ustedes se vayan a chingar a su puta madre, pinches nacos de mierda. No tarda el ejército, y me van a pedir perdón de rodillas, ojetes — dijo Natividad.

Ya fuera de sí, con la desesperación de una muerte que lo empezaba a jalar para llevárselo lejos, muy lejos, a chingar a su madre por última vez. Y allí se la iba a pelar, porque ya no iba a seguir robando, y todo lo que incluye ser un político deshonesto, un hijo de puta. Natividad el candidato empezó a llorar. Sus lágrimas refrescaron su rostro, limpiaron un poco el polvo de su cara, dejando surcos de pena, de agonía. Sus mismas lágrimas las usó para refrescar su lengua seca, reseca y polvosa… ya no podía hablar… para qué, sus palabras se las llevaba el viento, ya no tenían valor alguno, se perdían en una atmósfera de rabia y gritos de gente morbosa, ansiosa de ver cómo se cargaba la chingada al candidato, otrora presuntuoso gobernante, dueño de destinos y vidas. Y, al contrario de como dicen los curas, que nadie sabe el día de su muerte, Natividad sí lo sabía. Ya tenía el día, era este día: un día soleado y polvoso iba a morir sin pena ni gloria. Se iba a convertir en un bufón o payaso de circo de un solo acto: su muerte. La hora ya no importaba. El candidato cerró los ojos y una angustia enorme lo invadió. Un escalofrío de muerte le dio la despedida. Su final había llegado. Cuando pensó que era un inicio de prosperidad y abundancia al ganar nuevamente una diputación, simplemente se la peló, válgase la redundancia. Perdonen la ironía, pero la vida es un enigma, un crucigrama. Descifrarla es lo que menos importa. Simplemente vivirla es lo que vale, disfrutarla, y así lo había hecho Natividad el candidato con dinero ajeno; llegó muy, pero muy arriba, y el madrazo también fue muy, pero muy doloroso: le partió el culo en dos mitades… bueno, esto fue fácil porque ya había una raya. Los pueblos quitan reyes, gobernantes, presidentes, pero a muchos se les olvida. Natividad el candidato lo descubrió demasiado tarde.

— Ya rugiste — dijo Euliquio —. Quieres que esperemos al ejército, para que te traigan una silla, porque parado te vas a cansar, ojete. Ya estuvo suave. A la cuenta de tres... A ver, pueblo, muchos no saben contar, pero repitan como pinches loros. Procopio y Euliquio, ¿ya están listos, cabrones, para darle al caballo?

— Sí — contestaron —, estamos listos.

— Entonces, a la una...

El pueblo coreó a la una, a las dos... Se oyó un coro casi de catedral...

— Y a las tres, ¡arranquen, cabrones!

A la cuenta de tres, los dos caballos corrieron, dando un jalón al cuello del candidato, quien quedó desnucado a la primera. Dejaron todavía un rato que los caballos tiraran de la cuerda; casi se le desprende la cabeza al candidato.

— ¡Ya estuvo bueno! — dijo don Pepe —, y dejaron de tirar los caballos.

— ¡Llévense este fiambre de aquí! — dijo el maestro.

— ¿Qué van a hacer con el cuerpo? — preguntó Camilo, el asistente del candidato.

— Nada — contesto don Pepe —. A lo mejor sería bueno exhibirlo con un letrero que diga "éste es un pinche traidor, ratero y mentiroso".

— ¡No chinguen! — dijo Camilo —. Dejen que me lo lleve, para entregarlo a su familia.

— Camilo insistió.

— Pueblo ¿entregamos el cuerpo?

— ¡No, no! — gritaron todos —. Que se lo coman los zopilotes en el barranco de la basura.

— A ver si no les hace daño — dijo don Pepe.

— ¡Sí, al basurero! — gritaron todos —. Ésa es la tumba perfecta. ¡Al basurero!

Y tristemente el candidato fue a parar con los deshechos. La basura hedionda y apestosa sustituyó a las coronas y ramos de flores que en otro momento hubiera recibido. Las moscas iniciaron una oración al zumbar furiosamente a su alrededor, marcando su lugar como una especie de epitafio.

El asistente del candidato, Camilo, pálido como un cadáver, esperaba su sentencia, que, sospechaba, iba a ser la misma de Natividad.

— ¿Qué hacemos con este güey? — dijo Eusebia.

— Dice el dicho que tanto peca el que mata la vaca como el que le agarra la pata — el maestro dijo —. Lo de menos es matarlo para ir acabando con esta bola de ratas, pero nosotros no somos asesinos. Ese güey que acaba de morir se ganó su muerte a ley, es un traidor a la patria, como lo son en su mayoría toda esa bola de cínicos que nos gobiernan y que, como si fuera una banda de forajidos, planean y ejecutan sus transas todo el tiempo, haciéndonos siempre a un lado. Ya estuvo suave. A partir de ahora, aquí no queremos al gobierno mientras siga usando el poder para robar, matar y extorsionar. Vamos a ir a hablar con nuestros vecinos de Faltatodo para que nos apoyen.

— No hace falta, aquí estamos, profe — dijo Casimiro, líder rural del pueblo de Faltatodo —. Nosotros también estamos cansados de tanta chingadera e, igual que ustedes, estamos hasta la madre de tanto abuso, de que sólo nos usen para hacer bola cuando viene un pendejo de éstos. Vienen a prometer cosas que nunca cumplen, vienen a burlarse de nosotros, mi pueblo ya está harto de esta bola de trajeados y perfumados hijos de puta, que pa' lo único que son buenos es pa' usar el pinche hocico: ladran y ladran como perros a grito abierto; siempre dicen lo mismo. Si viene el ejército, que nos mate a todos, pero aquí ya no gobiernan esos güeyes. También aquí esta Pablo, el comisario del pueblo de Aquí no hay nada; también están con nosotros y nos apoyan.

— A muerte — dijo Pablo —, a muerte estamos con ustedes. También tenemos el mismo mal: esta bola de abusivos y mentirosos. Estamos con ustedes, todos somos barrio. Ya lo dijo Casimiro: — Estamos hasta la madre de que siempre nos vean la cara—. Ya va siendo hora de mandarlos a chingar a su madre. ¿Qué opinan?

— Me leíste el pensamiento, Casimiro — dijo el maestro —. Vamos a armarnos con lo que tengamos.

— Maestro — dijo Natilio —, aquí están las pinches cosas de este cabrón: trae un portafolio de piel con sus iniciales. La cerradura parece de oro.

— ¡No seas güey, Nata!

— ¡Natilio, pinche Pepe, Natilio!

— ¡Ya, güey, no mames! Por unas pinches letras la haces de pedo.

— Es de oro. Con cuidado ábrelo. Nomás ábrelo, Natilio.

Éste, con un cuchillo, abrió los broches.

— ¡Cuánto puto papel trae este güey! Mire, maestro, un cheque por diez mil pesos, y es pa' don Herculano Anchurias, el juez de Nadatengo. Trae una nota.

— ¡Lela, güey! — dijo Eusebia.

— Lela tu mamá, pendeja!

— ¡Ah, cómo eres pendejo! ¡Que leas!

— La pendeja eres tú. Yo no sé leer. Nomás llegué a la puerta de la escuela, pero, como todavía no la construían, no entré — dijo Natilio.

— ¡Ah, chingao! Entonces, ¿cómo llegaste a la pinche puerta si no había nada, güey? — dijo Eusebia.

— Me la imagine bien pinche bonita la escuela — contestó Nati —, con una puerta grande, pero no había nada, y por eso no sé leer ni escribir.

— Ya déjense de cosas, de mamadas, diría yo — dijo don Pepe.

— A ver, por favor, déjenme leerla — dijo el maestro.

— Tenga, maestro.

— Tú, pinche ignorante, vete a la mierda — le dijo Eusebia a Natilio.

— Ya, por favor, tranquilos — dijo el maestro. Aquí dice:

"Herculano, préstame atención. Este cheque es el último de los 40, 000 pesos que quedamos por ayudarnos a modificar las actas de votación de este pinche pueblo apestoso. Tú le tienes que dar su parte al notario Nalgario Prestón. Ya me diste tu consentimiento y ahí queda. Si te vas de hocicón, te mueres. Ya sabes nuestra política: cooperas y ganas; si no, mueres y pierdes. Es fácil de aprender."

— Hijos de su puta madre — dijo Casimiro, el líder rural de Faltatodo —, con razón ganaron... Si ya nos habíamos puesto de acuerdo para no votar por ellos, sino por los del TRD, que dicen que van a luchar por nosotros. Pero ya nos dimos cuenta de que son iguales: están cortados con la misma tijera. El notario es del TRD y el juez del TRI. Mira nada más... siempre chingando. De eso viven estos cabrones, y una vez son diputados, otra senadores, hasta presidentes municipales, como el nuestro, que es un ratero descarado — dijo el maestro —. Se pavonean los culeros...

— ¿Se comen pavos? — preguntó Eusebia?

— ¡No seas pendeja! — dijo Pepe —. Pavonearse es pedorrearse.

— ¡Ay, Dios santo, — dijo el maestro —. Pavonearse es exhibirse, caminar con mucho garbo, con categoría, andar presumiendo, darse taquete...

— ¿Tragan tacos? — preguntó otra vez Eusebia —... y no invitan los culeros.

— Ya, Eusebia — dijo Pepe —. Taquete es creerse mucha mierda.

— Pues eso es lo que son, una mierda, por lo que acabamos de oír — dijo Casimiro.

— Esperen — dijo el maestro —, esto está interesante. Se lo voy a leer, es una poesía — dijo el maestro —. Bueno, más bien es un insulto a la poesía...

— ¡Va! — Corearon todos.

— A ver, dice así:

Primera oración de un político

Señor, dame un pueblo pendejo,
que me dé dinero, mi interés,
que me dé riquezas, mi interés,
que esté sordo y ciego,
para que no me escuche, ni vea cuanto robo,
para que no oiga chismes. Dale oscuridad, no luz.
No le des inteligencia, déjalo pendejo.
Que no vea mis riquezas, que no pregunte
ni cuestione de dónde salieron, cómo los obtuve.
Nosotros ya arreglamos las leyes, para poder robar.
Intercede por mí, Señor, para que me enriquezca.
Intercede por mí, Señor, para que engañe.
Perdona, Señor, mis mentiras.
Son para un fin noble. Que mi familia viva bien;
ellos están acostumbrados a la miseria.
Déjame, Señor, quitarles poco, bueno, más o menos,
no mucho, para que no mueran de hambre.
Gracias te doy, Señor,
porque son mulas y son pendejos,
todos lo son: no exigen, no piden,
y cuando lo hacen, quieren una escuela,
una clínica... A veces les damos gusto,
a veces los complacemos,
pero por cada peso que les damos,
robamos mil o más; por cada peso,

pagan con sangre; por cada peso,
lloran por siempre;
por cada peso, pagan sus pecados;
por cada peso, viven soñando;
por cada peso, su vida es eso:
un sueño sin cumplir.
Señor, no los despiertes,
que estén dormidos.
Sólo necesitamos su voto;
después del voto, ¡chinguen a su madre!;
después del voto, no los conozco;
después del voto, son unos mendigos;
después del voto, apestan;
después del voto, yo soy el rey;
después del voto, sólo el dinero;
después del voto, sólo el poder;
después del voto, sólo riqueza;
después del voto, sólo yo existo;
después del voto, ellos sin éxito;
después del voto, los ignoro;
después del voto, triste su vida;
después del voto, pobres perros;
después del voto, me dan lástima;
después del voto, tristes pendejos;
después del voto, a vivir como rey;
después del voto, ellos como buey;
yo como rey;
después del voto, voy a viajar;
después del voto, me voy a curar;
después del voto, ¡chinguen a su madre!

Segunda oración de un político

Si me piden, no los escucho.
Si me piden, los ignoro.
Si me piden ayuda, ¡qué estúpidos!
Si me piden favores, ¡qué idiotas!
Si me piden, no les doy.
Si me piden, soy sordo.
Si me piden, soy ciego.
Si me piden, ¡malditos!
Si me piden, tiempo quitan.
Si me piden, son limosneros.
Si me piden, no somos iguales.
Si me piden, que imploren
Si me piden, nada merecen.
Si me piden, el dinero es mío.

Qué fastidio un pueblo hambriento.
Qué fastidio un pueblo quejoso.
Qué fastidio un pueblo apestoso.
Qué fastidio, muertos de hambre.
Qué fastidio tantas estupideces.
Qué fastidio tanta miseria.
Qué fastidio escucharlos.

Qué fastidio su presencia.
Qué fastidio que vivan.
Qué fastidio un pueblo latoso.
Qué fastidio su espíritu.

"Cuando la injusticia se convierte en Ley
la rebelión se convierte en deber"
Thomas Jefferson

Tercera oración de un político

¡Qué ironía! Un pueblo hambreado dinero dio.
Ahora soy rico, el pueblo confianza me dio.
¡Qué güeyes son! Siempre nos dan.
Ellos dan amor, son honestos;
nosotros les damos mentiras y esperan las migajas.
Así son felices: se acostumbraron a las migajas,
son su sustento, viven de nada. Qué rico soy.
Nosotros no. Nosotros nos acostumbramos
a la abundancia, con dinero ajeno,
con dinero sucio; nosotros lo limpiamos;
somos la ley: lo malo lo hacemos bueno;
somos la ley: condenamos a quien queremos;
somos la ley, todos lo saben; somos la ley:
nadie hace nada; somos la ley:
desaparecemos gente; somos la ley:
si preguntan, mentiras reciben,
se van tristes; así es la vida;
somos la ley. Viva el poder que el pueblo da.

Gobernamos con mentira, sin ser honestos;
nuestra lengua es de oro:
todo lo que toca lo convierte en oro;
tenemos el don de la palabra: nuestra arma;
nuestra lengua es de oro, es dinero, es oro.

El pueblo idolatra nuestra lengua, es de oro;
los encantamos, los apendejamos;
nuestra lengua es de oro.
No tengo casa, tengo residencias;
ellos jacal y están felices;
yo no camino, un auto de lujo tengo;
me pagan chofer, me pagan asistente,
me pagan todo. ¡Qué feliz soy!

No es mi dinero, pero eso no me importa.
Siempre dan más, se quejan;
ellos dan amor y honestidad;
nosotros, migajas, y viven felices.
Nos eligieron: soy diputado.
No puedo atender a un piche muerto de hambre,
mi tiempo es oro, mi beneficio.

Las bolsas llenas de dinero tengo;
los muertos de hambre
saben vivir con hambre, aguantan sin comer;
el padre, la madre, los hijos
ya saben vivir sin tragar;
a mí no me importa si mueren de hambre:
ya somos muchos.

"Los hombres no viven juntos porque sí,
sino para acometer juntos grandes empresas"
José Ortega y Gasset

Cuarta oración de un político

Soy diputado, soy muy rico.
El dinero es mi meta, mi religión.
Ser millonario, vivir del dinero
que el pueblo da.
El pueblo no exige.
¿Despertará? No, pinches mensos,
borregos son: todo se creen;
pendejos son. Soy diputado, soy el mejor.
Viajo adonde quiera: dinero hay.
Como sólo en lugares de lujo:
el pueblo lo permite,
no dice nada, sólo se queja, sólo critica.
No aprueban mis lujos.
No aprueban mis gastos.
No aprueban mi sueldo.
Sólo se quejan, sólo critican.
Pinches monos incultos.
Son como el camarón:
tienen mierda en el cerebro.
El dinero, sólo nosotros.
El dinero es nuestro.
El dinero lo administramos.
Del dinero no damos cuentas a nadie.
El dinero está en mis manos.
Señor, no permitas que pidan cuentas.

No permitas que nos controlen el dinero.
Señor, déjalos que duerman, que sigan así.
Por el dinero estamos.
El dinero es nuestro dios,
con el debido respeto, Señor.
Sólo dinero, dinero, dinero...
Lo demás no importa, sólo dinero.
Señor, déjalos que duerman; silencio, Señor.
Que sigan el sueño eterno de los tontos;
silencio, Señor, que no despierten.
Nuestro talón de Aquiles es el dinero:
si lo controla el pueblo, morimos.
La política ya no tendría sentido.
Trabajar a lo idiota sólo por servir, jamás.
Ser honesto, jamás.
Nuestro talón de Aquiles es el dinero:
si lo controla el pueblo, morimos.
Que no lo sepa el pueblo jamás.
El dinero es la sangre que fluye
por nuestras venas, es la energía divina.
Nuestro talón de Aquiles es el dinero:
Si lo controla el pueblo, morimos.
Nacimos para controlar dinero,
no para que el pueblo lo controle.
Prefiero morir si el pueblo despierta.

"La rebeldia es la vida: la sumisión es la muerte"
Ricardo Flores Magón

Quinta oración de un político

El dinero es mi religión, mi dios.
Con tu perdón, Señor, pero es mi dios.
Que no despierte el pueblo,
que no salga a la calle,
que no exija. A miles pidiendo
no les podemos negar: ellos mandan.
Por eso, Señor, que no despierten.
Déjalos dormidos, Señor, déjalos pendejos.
Silencio, por favor, que no despierten, mi Dios.
Los quiero apendejados, idiotas y borregos.
Así todo nos creen, todo lo aceptan.
Que no despierten, mi Dios; silencio Señor.
El dinero, Señor, yo lo cuido.
Ellos me eligieron para que lo maneje,
para que lo administre. Del dinero sólo
los diputados sabemos qué hacer con él.
Si sobra, lo repartimos entre nosotros.
El pueblo jodido es, jodido será.
Del dinero no damos cuentas a nadie.
No nos conviene hacer cuentas.
Para qué. Pueblo jodido, no sabe,
no exige. Si se pone cabrón,
el ejército lo calma. Somos la ley,

quien manda aquí; somos la ley.
Yo, Señor, soy el rey.

El voto es oro

Ya tengo 500 gasolineras,
por mi trabajo, por mi esfuerzo.
No aprueban mis lujos,
no prueban mis gastos,
no aprueban mi sueldo.
Sólo se quejan, sólo critican.
Pinches monos incultos,
son como el camarón:
tienen mierda en el cerebro.

Es una bendición que sólo protesten
en sus casas, en sus trabajos.
Que se quejen lo que quieran,
que no salgan a la calle,
que nos mienten la madre, es tolerable,
pero que no salgan a la calle,
porque en la calle ganan; no lo saben.
¡Qué bueno! ¡Qué pendejos!
Que sigan durmiendo el sueño de los tontos,
de los pendejos. Que no salgan a la calle, porque
allí si ganan: no hay poder que los detenga,
se convierten en un ejército sin armas
que dispara gritos, que dispara exigencias,

que dispara verdades, y eso sí nos mata,
nos aniquila: no tenemos defensa.

Hay más de 60 millones de pobres,
de todo tipo, de toda clase.
La luna brilla, el sol quema,
la oscuridad ahorca, la oscuridad ahoga,
la oscuridad tiembla,
la pobreza me tiene sin cuidado:
mientras más pobres haya, yo gano.
Nosotros ganamos, la pobreza se
manipula fácil: con regalos baratos,
con las sobras los tenemos contentos.
Por favor, Señor, que haya más pobres,
más jodidos, más muertos de hambre.
Ésos, sólo ésos son nuestro sustento.

Yo tengo 500 gasolineras.
La ignorancia es mi alimento.
Ésos nos mantienen, los ignorantes.
Todo se creen, están idiotas.
Hay más de 60 millones de pobres,
jodidos y apestosos.

Yo tengo 500 gasolineras,
no paso hambre, yo tengo techo.
Al pobre uso, al jodido uso.
Su voto es una mina de oro;
es para mí, no para ellos.
Jodidos son jodidos, siempre serán.

El voto es oro, es divino

El voto es oro, el voto es dinero.
Sin mentiras, no hay voto.
El voto es oro.
Sin promesas, no hay voto.
El voto es oro.
El voto es oro. El pobre llora.
Su familia hambre padece;
la mía no sufre:
sólo conoce la abundancia.
El voto es oro.
El pobre, sin dinero,
angustia tiene: su familia no come.
No hay dinero. El voto es oro.
Tengo dos refrigeradores,
grandes, de comida repletos. El voto es oro.
La comida sobra. El voto es oro.
El hijo del pobre angustia tiene. El voto es oro.
No hay dinero para estudiar;
de angustia muere. El voto es oro.
Los políticos becas tienen,
a Europa a estudiar sus hijos van. El voto es oro.
Le quitan su lugar a jodidos inteligentes. El voto es oro.
Los políticos nadan en dinero.

El voto es oro.
El hijo del pobre llora:
su inteligencia el ladrón roba, anula.
El llanto del pueblo les vale madres.
De que lloren en su casa a que lloren en la mía,
es su filosofía. No tienen madre.
El voto es oro.
El hijo del pobre sufre,
su futuro es incierto. El voto es oro.
El político futuro tiene. El voto es oro.
El hijo del pobre derrama lágrimas. El voto es oro.
Quiere estudiar, no hay presupuesto. El voto es oro.
Miles de millones el político distribuye. El voto es oro.
El dinero lo tiran en carteles, en fotos de hipócritas,
miles de fotos; lo tiran en comidas exóticas que no se
comen;
lo tiran en hoteles de lujo, de máximo lujo;
no cuidan el dinero, sólo saben tirarlo, hacerlo mierda;
el dinero sólo saben tirarlo, son expertos.
La gente es invisible para ellos, no la ven,
nunca la ven, es invisible.
Los valores no existen. El voto es oro.
La dignidad, la honradez, la humildad
son para los pobres. El voto es oro.
Sinceros y nobles los pobres. El voto es oro.
Yo soy primero. El voto es oro.
El pobre sufre, es su destino. El voto es oro.
¡Qué incongruencia! Sus lágrimas
para mí son oro. El voto es oro.
Fortuna para mí: hijos de los pobres sin estudiar.

El voto es oro.

Al pobre, oscuridad; a mí, claridad. El voto es oro.

El sudor del pobre es mi fortuna. El voto es oro.

La muerte es su consuelo. El voto es oro.

"Los sumisos, los mansos, los indiferentes, los sufridos, los resignados, son la masa, la muchedumbre que con su pasividad, su modorra y falta de character hace lento y doloroso el avance de las sociedades"
Ricardo Flores Magón

Juan Manuel Lozada Acosta

> *"Las leyes tienen que subordinarse*
> *a las necesidades del pueblo"*
> *Hugo Chavez*

— ¡Qué poca madre! — dijo Eusebia —. Hay que volver a matar a este pendejo de mierda.

— No cabe duda — dijo el maestro —. Esta poesía le gustó al candidato porque les encuera el alma podrida que tienen.

— Son un chingo de letras para chingar — dijo Pepe.

— Si le buscamos más, vamos a hallar más mierda aquí — dijo Casimiro, del pueblo de Faltatodo.

Mientras eso pasaba en la capital, el secretario de gobierno, Hoyoscuro Prestín Unrrato, entró presuroso con el gobernador.

— Señor gobernador, se rebelaron en Nadatengo: mataron a Nati, nuestro candidato — dijo el secretario.

— — ¡Ah, qué jijos de su puta madre! — contestó Odilón Mameyes, gobernador del estado —. ¿Quién está allá para que les parta su madre?

— El comandante Melitón, pero ya lo agarraron.

— Bueno, vamos a resolver esto como lo dictan nuestros cánones: si el pinche pueblo se rebela, hay que reprimirlo, hacerlo mierda. Matar a esa gente es como matar perros. Esos güeyes no valen nada, y si estorban los hijos de la chingada, necesitan un escarmiento: tienen que oler la muerte para que se calmen, lamerse su sangre los pendejos. Ármate a unos cien cabrones con rifles automáticos -busca los más efectivos- y mátalos a todos, ¡a todos! — dijo el secretario —. Sí, cabrón, a todos: niños, mujeres, ancianos... y a los ojetes revoltosos los torturas antes... que sufran estos güeyes. Un pinche tiro es un regalo para ellos; a los demás te los chingas rápido, pa' que no griten, y así limpiamos un poco de escoria en ese pueblo y verás cómo se calman los pendejos que queden.

— ¿Pero no le vas a avisar al gran jefe Odi?

— No sé, cabrón, si pedir perdón o pedir permiso.

— Yo diría — dijo el secretario — que avisara al Presidente, porque esto les sirve a ellos también: acabar con revoltosos nos beneficia a todos, porque, ¡ah, cómo se contagian los güeyes cuando oyen a alguien pedir, exigir derechos! Hay que cortar de raíz a toda esa pinche gente revoltosa. Es peligroso que proteste un pueblo: tiene un poder de poca madre que ni ellos mismos conocen. Si no los paramos, nos pueden chingar fácil, porque la mierda se riega.

— Ni que fuera chorrillo — dijo el Góber.

— — Sí, mi Góber chulo, pero, como le decía, háblele al Presidente y así ya lo involucra y no hay fijón.

— Tienes razón, pinche Hoyoscuro Prestín — dijo el Góber culero —. Bien, le llamo. A ver, Silvana, comunícame con el mandamás, por favor.

— ¿Con su señora, mi Góber?

— ¡No seas pendeja! Con el Presidente.

— ¡Ay, cabrón, perdón! Voy. ¡Qué pinche genio!

— ¿Qué dijiste, Silvana? — dijo el Góber —. Nada. Que ahorita lo comunico. ¡Puta madre!

— ¿Qué? — dijo el Góber.

— Nada. No sé usted qué oye.

Silvana no tardo nada y gritó:

— Ya está en la línea ese güey.

— ¿Qué dijiste, Silvana? — otra vez preguntó el Góber.

— Que tuvo suerte: siempre anda viajando, gastándose el piche dinero de todos, él y su pinche familia y una bola de gorrones abusivos, muchos de ellos millonarios que van dizque a hacer negocios para aprovechar el viaje, como si no tuvieran lana los ojetes. Sólo se la pasan barbeándole al culero Presidente, y todo a costa nuestra. Nosotros financiamos todos sus gastos, comidas, hoteles, lo que se les dé su chingada gana.

— Ya, Silvana, bájale, porque te va a silvar otra cosa — dijo el Góber —. A ver. Bueno, señor Presidente Chingafuerte Colaseca, ¿cómo está usted, mi muy querido y estimado mandatario, el más guapo de los pendejos?

— ¿Qué dijiste, güey? — dijo molesto el Presi.

— Nada, mi Presi. Me acordé de los azulejos del palacio —contestó el Góber.

— Ah, yo entendí pendejos.

— ¡Cómo cree, mi Presi! Dije azulejos. Usted es el más inteligente, audaz, cauto, honrado (sobre todo); ha sido el único que sí ve por la patria. En pocas palabras: el mejor presidente que hemos tenido en años — dijo el Góber —. Sus reformas nos tienen en el primer mundo, nos ta' cargando la chingada, pero tenemos reformas de primer mundo, que sirven pa' una chingada, pero son reformas. La gente se sigue muriendo de hambre y cada vez hay más pobres, pero, eso sí, con reformas: todo bien reformadito, bien pensado, y no cualquier güey las hace. Eso de reformar sí se le da.

— ¡Muy bien, mi Góber bonito.

(Cualquier semejanza con otro pendejo nomás es pura coincidencia).

La mierda no se da en macetas, se hace y a puños, por kilos, y se distribuye gentilmente. Y como las moléculas, la mierda también se junta, se une, es indivisible. Aunque apesta a madres, es necesaria. Nada más es inversamente proporcional a la comida: todo lo que tragas lo transformas en mierda. Sin mierda no existiríamos. ¡Chin, perdón!, creo que me pase de mamón. Continuamos. Lo que pasa es que estos güeyes se parecen todos: hablan igual, chingan igual, roban igual... Resumiéndoselas, todos son igual de mamones y abusivos.

— ¿Qué buenas noticias me tienes? No me vayas a venir con mamadas, porque te mando a la chingada pero rapidito. ¡Puta, entonces ya me voy! No son buenas, mi Presi: los del pueblo de Nadatengo se rebelaron y se echaron al plato a Nati, nuestro candidato a diputado.

— ¡No mames, cabrón! ¿Y eso por qué? Nati era una persona honrada y muy querida.

— Sí era honrado: no robaba lo suyo, sólo lo ajeno — dijo el Góber.

— Pero esos güeyes están bien jodidos — dijo el Presidente —, mejor dicho, los tenemos bien jodidos. Así son más mansitos... ni fuerzas tienen para estar chingando, ya que no tienen ni pa' tragar los méndigos.

— Pues algo falló — dijo el Góber —, algo se salió de control, y, la verdad, me extraña, porque nosotros sí sabemos gobernar. El pueblo nos ama.

— Sí, güey — dijo el Presi —, pero cada día ese pinche amor nos sale más caro. Ya nos hallaron el modito; ahora piden más los culeros. Como que están despertando los pendejos, y eso ya preocupa. Pero, bueno, a lo nuestro. No estamos enterados por qué le partieron su madre, pero no ha de haber sido por ser un buen funcionario público — contestó el Góber —, pero yo voy a armar a cien cabrones y los matamos como perros a todos. No voy a dejar ni la semilla...

— No es mala idea, pero déjame checar si ya se regó la noticia. Los de derechos humanos de aquí no son problema, nos deben favores; hay uno que otro güey que se hace el decente, pero con billete se transforma; pero con los de afuera del país, hay que cuidarse. A ver, Toribio, pregunta si no se sabe nada de Nadatengo.

— Sí, señor Presidente Chingafuerte.

Después de un rato, Toribio Nalgafácil le informó:

— Señor Presidente, me acaban de avisar que ya hablaron a los derechos humanos, y ahora con esas pinches redes sociales, se riega todo rapidito y afecta nuestra imagen un chingo. Y aunque sólo el puto maestro de Nadatengo tiene computadora y la línea está hasta Techingoelhoyo, ya subieron su desmadre, quejándose del gobierno, y los putos estudiantes de la

Universidad Alistamensos les contestaron dándole su apoyo, y estos culeros sí saben usar las redes sociales. El pueblo vecino de Faltatodo los apoya: ya se unieron con Nadatengo y también con el pinche pueblo de Aquí no hay nada. Ahora son tres putos pueblos de mierda que están unidos.

En eso entró Hipócrito Madreatodo Pinacatiuz, el secretario de Seguridad.

— ¿Qué desmadre traen, cabrones? — les preguntó —. Tienen cara de mal cogidos. ¿Pos qué chingaos pasa?

— Los del desmadre son los de Nadatengo: ya se chingaron a nuestro candidato. ¡Qué poca madre! Manda al ejército a que les partan su madre — dijo el secretario de Seguridad.

— No, cabrón, ya está en las redes sociales. Ya llegó el desmadre hasta Derechos Humanos internacionales.

— Estos putos se mueven rápido.

— Sí, cabrón. ¿Qué hacemos?

— Hay que negociar. No podemos chingarlos como siempre le hacemos. Si no estuviera enterado nadie, les partiría su madre, pero así no. Si los matamos, los putos gringos siempre se dan golpes de pecho y protestan, aunque ellos son peor. ¡Puta madre! ¿Qué hacemos? — dijo el secretario de Seguridad.

— Mira — dijo el Góber —, ve al pueblo de Nadatengo y llévate a los policías federales o tu pinche policía estatal, pero que no entren al pueblo. Hay que cercarlos, para meterles miedo. Ya luego nos chingamos a los alborotadores.

— No mames, voy a mandar al subprocurador. Si le
parten su madre, no se pierde nada. Esto sí está
cabrón.

— Si enviara al ejército — dijo el Góber — y decimos que
les disparen porque oyeron un ruido de disparo y por
eso los rafagueamos...

— No está mal la idea. Eso nos ha resultado siempre —
contestó el Presi.

— Sí, güey, pero aquí hay mucho pinche pájaro en el
alambre. Yo opino que negociemos. A ver qué quieren.
Total, al piche Nati ya le tocaba. Si le partieron su
madre fue por güey. Además, en este negocio ya
sabemos que nos puede llevar la chingada en un
pinche descuido. Ser representante o funcionario tiene
un chingo de beneficios, pero también muchos riesgos:
si nos cachan en la maroma, valimos madres, aunque
tenemos seguro de permanencia, que me imagino que
fue lo que le paso al güey de Nati: lo agarraron en una
pinche maroma o violó chamacas del lugar. Que te
linche un pueblo es lo peor que te puede pasar. Si los
chancludos despiertan y se enojan, la cosa se pone
bien cabrona, y aunque están bien jodidos los
guarachudos, sí cumple con sus impuestos la mayoría.
También por eso hay que cuidarlos: no es negocio
matar contribuyentes. La otra es que se presenten los
del cártel de los jodidos trajeados y copetudos; ya nos
deben un chingo de lana y favores. Los dejamos que
controlen las policías, que secuestren y más mamadas,
pero, eso sí, se caen con su cuerno en las elecciones y
cada vez que les pedimos billete. Propongo que estos

güeyes los maten o los matamos nosotros y que se echen la culpa y así nos lavamos las piches manos fácil. Después los sacamos por falta de pruebas; ellos ya saben cómo está la jugada; nosotros los podemos matar, pero se haría un pinche escándalo de mierda; pero nuestro método del tiempo no falla.

— ¿Cual método, mi Presi? — dijo el Góber.

— ¡No seas güey! Acuérdate cuando matamos al líder del Pueblo Nomasmira: se juntaron e hicieron desmadre, pero nos hicimos pendejos con una comisión de investigación para ganar tiempo y después se les olvidó; protestaron, pero ya unos cuantos, y además le dimos dinero a la viuda y una beca para su pinche hijo, que por cierto estaba refeo el güeyecito, me acuerdo bien, y se conformaron.

— ¿Qué más desmadre hay? — preguntó el secretario de Seguridad.

— También me informan que están unos estudiantes normalistas de Zanjasmeo — dijo el Góber —. Esos güeyes se metieron al palacio municipal y nos mandaron un mensaje: que no nos metiéramos con ellos, porque ahora sí vamos a conocer a San Diego sin calzones. Ya mandaron mensaje y fotos por ese piche féobus.

— ¡Facebuuk! — dijo el Presidente.

— Esa pinche madre. No sé por qué no la prohíben, mi Presi — comentó el secretario de Seguridad.

— Ya lo intentamos — dijo el Presi —, pero nos bloquearon todo los culeros de Cabronimos y otra bola de cabrones que le saben bien a esa chingadera, y aquí se puso de la chingada: ni mi pinche tarjeta de crédito podía usar. Haz de cuenta que estos cabrones me hicieron invisible, y mejor ahí la dejamos.

— Así que esto ya está a nivel nacional por el pinche Facebuuk, pero si los matamos e inventamos que murieron a fuego cruzado, mi Presi, y los vamos a aventar al mar... — comentó el secre de Seguridad.

— Oye, güey, ahí nadie los encuentra. No es mala idea, pero ya están viajando estudiantes y algunos llevan cámaras y pueden pasar un video inmediatamente a quien quieran — dijo el Presi.

— Que los intercepten y se los chinguen. Al cabo aquí es el país de los desaparecidos. Ya se acostumbró el puto pueblo — dijo el secretario de Seguridad —. Ya perdí la cuenta de cuánto cabrón nos hemos echado al plato. Pinche tierra, está bien abonada. Nos deberían dar las gracias los pendejos: con tanta fosa reforestamos el país. Pinche abono de primera; bueno, otros eran medio pendejos, pero al fin abono.

— No es tan fácil — dijo el Presidente —. Si vamos matando tanto cabrón, al rato quién paga impuestos. Nos va a cargar la chingada.

— Ah, pos eso sí — dijo el secre de Seguridad —. Hay que seleccionar a los cabrones más revoltosos y a ésos sí les partimos su madre. No chingues, descubriste el hilo negro, güey. Si así le hemos hecho siempre con los que nos estorban — dijo el Presidente.

Para no hacer el cuento largo, los pueblos de Nadatengo, Faltatodo y Aquí no hay nada se unieron, se armaron con lo que tenían a la mano: machetes, piedras, palos de escoba, etc. Cuando llegó la policía federal y la policía del estado, los famosos granaderos, toda la gente se concentró en la entrada del pueblo con pancartas que decían "no queremos gobiernos corruptos, aquí ya no entran a seguir robando, ya estuvo suave, cabrones, vayan a verle la cara a su chingada madre. Queremos escuelas, hospitales, caminos...". Los estudiantes tenían una pancarta que decía "y pa' pronto, ¡chinguen su madre!". El jefe del contingente de la policía, junto con tres mandos, se acercó a negociar. El maestro Euliquio, Pepe y Eusebia se acercaron a ellos.

— Venimos a poner orden y vamos a detener a los asesinos del candidato Natividad, así que, por favor, liberen la entrada. Vamos a establecer nuestro cuartel general en la comandancia municipal.

— No sé si sabes leer, comandante — dijo el maestro Euliquio —, pero no nos vamos a quitar y tampoco vas a detener a nadie. Aquí el pueblo juzgó a un delincuente y se cumplió sentencia, así que los asesinos que buscan, más bien están en tu tropa, que debe estar llena de delincuentes pagados por la banda de criminales que ustedes mismos solapan: esos secuestran, extorsionan y quieren cobrar hasta por respirar y son sus protegidos.

— Mire, señor, yo soy el comandante Muchaleche Chupín y me enviaron a poner orden y voy a cumplir mis órdenes, por las buenas o por las malas, así que déjense de chingaderas y despejen el camino.

— Mira, pinche comandante pocaleche, muchaleche cabrón...

— Y no me digas pinche…

— ¿O qué? — contestó don Pepe —. ¿Me matas como acostumbran, así nada más, y me entierran en el campo, para abonar la tierra? Aquí, pendejo, tú y toda tu pinche tropa de mierda se van a ir a chingar a su madre.

Enseguida los tres oficiales se fueron encima de don Pepe, quien le dio al primero un soplamocos en el mero hocico; los otros dos desenfundaron sus armas y le apuntaron a don Pepe.

— ¡Tranquilos! — dijo el maestro.

Inmediatamente se vieron rodeados de gente del pueblo que empuñaba palos, picos, palas viejas, piedras y todo lo que sirviera para partirle la madre a alguien. De pronto llegó un policía corriendo.

— Mi comandante, estamos rodeados. No sé de dónde, pero hay más de cinco mil cabrones que nos rodearon y están armados: unos con machetes, palos y algunos taren rifles de calibre 22. Nos van a matar, son más que nosotros, somos mil nada más, y, mire, allá en aquel cerro viene más gente.

— A ver, mi comandante lechero…

— ¡Muchaleche!, respete mi rango — dijo el comandante, pero ya bajándole un poco al tono de su voz. Inmediatamente se sintió indefenso y un escalofrío le recorrió el cuerpo, a sabiendas de que estaba en desventaja, al verse de pronto rodeado de personas con machetes y palos. Su instinto animal lo alertó y su voz interior le dijo: "Te calmas o vales pa' pura madre, güey".

— ¿Usted quién es? — preguntó el comandante.

— Me llamo Euliquio. Soy el maestro del pueblo. Maestro de escuela rural a mucha honra. Si quieres pelea, te la vamos a dar.

— ¡Palemón — le dijo el comandante a uno de sus mandos —, pide refuerzos, y que avance el contingente!

— Está usted pendejo, comandante. Si ordena pelear, los superamos en número —dijo don Pepe.

— ¡Avancen! — gritó el teniente Palemón, de la policía estatal. Los policías, usando escudos, empezaron a avanzar. Había un contingente de la gente del pueblo: todos con cubetas llenas de piedras, se formaron en cuatro hileras. La primera hilera, como de cien personas, lanzó una oleada de piedras, se agachó y la segunda hilera disparó otro buen de piedras. Los policías estatales cayeron en racimo.

— ¡Alto al fuego! — gritó don Pepe.

Un segundo contingente con palas, formado en cinco hileras, también empezó a avanzar. El comandante ordenó atacar:

— ¡Disparen los que traigan armas!

— Fíjate bien, pendejo, lo que dices — dijo Eusebia —, porque a ti te va a cargar la chingada.

Se abalanzó sobre él jalándole los cabellos. El comandante, de un manotazo, tiró a Eusebia de nalgas al instante. Toribio, un moreno de más de cien kilos, tiró al comandante, quien quiso sacar su pistola, pero aquél, con su pie, le detuvo la mano y le rompió varios dedos.

— ¡Ay, pendejo!, ¿qué haces?

— El pendejo eres tú, cabrón.

Los tres oficiales corrieron hacia su tropa, pero fueron lazados por varios rancheros que llevaban sogas. Los policías empezaron a tirar sus escudos y sus armas los que llevaban.

— ¡Está bien, cabrones! Así serán buenos. Dejen que se retiren los policías.

— ¡Espérate, cabrón! Tú ordenaste que nos dispararan, que mataran gente, así que vamos a dejar ir a tus policías, pero tú te quedas.

— Eso es secuestro — dijo el comandante Muchaleche.

— Ay sí, secuestro... — dijo don Pepe —. ¡Pinche puto! Tú nos declaraste la guerra, pendejo, y como prisionero de guerra te va a cargar la chingada. Se te olvida, pendejo, que ustedes levantan gente cuando se les pega la gana y la desaparecen. ¿Cómo chingaos se llama eso?: asesinato y también secuestro. Pero tú declaraste la guerra a nuestros pueblos y ahora eres nuestro prisionero, y fíjate bien, no sé cómo eres un militar, siendo tan güey y tan pendejo. A quién se le ocurre ponerse con Sansón a las patadas. Estás viendo que son bien pocos y te pones al tú por tú con tres pueblos. La verdad, te deberíamos juzgar y matar a palos por las órdenes tan pendejas que diste — dijo don Pepe.

— Yo sólo cumplo con mi deber, y si me van a matar, mátenme, estúpidos muertos de hambre. No bien terminó de decir eso el comandante cuando recibió un golpe en su hocico, golpe que le tiró varios dientes y cayó desmayado.

— A ver si así aprendes a respetar, pendejo — dijo don Pepe, con la rama de árbol en sus manos con la que tundió al comandante.

La gente del pueblo desarmó a los policías y permitió que atendieran a los policías golpeados por las piedras: puros descalabrados por la lluvia de piedras que recibieron. El comandante recobró el sentido y el maestro Euliquio le dijo:

— Vamos a hacer lo siguiente, Comandante, va usted a llevar una declaratoria al gobernador de los pueblos de Nadatengo, Faltatodo y Aquí no hay nada. No queremos ser gobernados por gente corrupta, que sólo viene a robar. Si quieren los candidatos, los elegimos nosotros y a nosotros nos van a rendir cuentas. El dinero que se recaude se queda en los pueblos, no se va a la capital, pa' que lo administren rateros y luego regresen lo que les dé su chingada gana. Aquí no hacen caminos, escuelas, hospitales, todo se roban. El pueblo de Nadatengo puede cooperar para alguna emergencia, si es que hay dinero, y nosotros vamos a constituir una asamblea de buen gobierno, y esa asamblea va a decidir el destino de nuestros pueblos; también va a cuidar el desempeño de todos los responsables de gobernar, y aquí vamos a participar todos, no va hacer unilateral, como lo manejan ustedes, sin rendir cuentas a nadie. Las cuentas se las rinden entre ustedes, por eso no alcanza el dinero. Pero ya estuvo suave. Aquí se va a trabajar para el pueblo, sólo para el pueblo. A partir de ahora, en nuestros pueblos se acabó la transa. La policía la vamos a conformar nosotros: van a ser rurales, que vean por el pueblo, gente responsable y honesta, no cualquier malandrín o delincuente como los que seleccionan ustedes. Vamos a seguir pagando impuestos justos, si así lo decide la asamblea. Yo no puedo hablar por ellos. Aquí está escrito todo y más de lo que les estoy diciendo — dijo el maestro Euliquio.

El gobierno no estuvo de acuerdo y mandó al ejército para reprimir a los rebeldes de tres pueblos, tres como la Trinidad, como las tres piedras de la creación de los mayas, sólo que ahora estamos en otros tiempos, tiempos en los que no existen distancias y la comunicación es inmediata. Reporteros de todo el mundo, varias ONG, representantes de los derechos humanos, nacionales e internacionales. Los periodistas y observadores -otro ejército pero de chismosos, y aunque es su trabajo, viven del chisme, ese que nos encanta a todos y que gracias a que nos gusta existen ellos, y que ahora para los tres pueblos eran una bendición- con sus cámaras desarmaron al ejército: les impidieron disparar, porque las cámaras enviaban imágenes en vivo a todo el mundo. Llegaron 20 mil soldados armados hasta los dientes, con tanques y ametralladoras. A dos kilómetros del primer pueblo había una muralla de 50, 000 personas; más adelante, a un kilómetro, había otra muralla de 30, 000 personas más. El comandante general Corrupto Lambís Con, junto con tres generales más, caminaron hacia donde estaban los pobladores de los tres pueblos, Nadatengo, Faltatodo y Aquí no hay nada, que se habían armado con lo que encontraron: palos, piedras, palas, uno que otro rifle, hondas, etc. El maestro Euliquio, don Pepe y Eusebia eran sus representantes.

— Buenas tardes. Soy el comandante Corrupto Lambíscon. Mi jefe directo, el Presidente de la república, me ordenó acabar con su revuelta, así que, por favor, entréguenos sus armas y se van todos a sus casas.

— Con el debido respeto — habló el maestro —, aquí los únicos que van a entregar sus armas son ustedes. En estos pueblos no entran, aquí no hay cabida para ladrones y corruptos. Aquí a partir de hoy gobierna el pueblo. Nosotros no necesitamos representantes pendejos que sólo saben robar, que piensan que ser funcionario pueblerino es ser príncipe o rey y pueden hacer lo que les dé su chingada gana.

— Usted no ha entendido — dijo el general —. Les estamos ordenando que se retiren a sus casas y dejen sus armas, que la mayoría son puros palos y piedras.

— Sí, cabrones — dijo don Pepe, nada más que estos palos te los vamos a recetar por el culo, y los que se van a ir pero a chingar su madre son ustedes.

Se escuchó un silbido, seguido de cuetes. De todas partes empezaron a salir personas y en poco tiempo más de cien mil personas tenían rodeado al ejército, y seguían llegando más. El general recibió una llamada urgente.

— Mi general, estamos rodeados. La tropa ya se rindió, además dicen que ellos no van a disparar a su misma sangre.

— ¡Pinches cobardes, hijos de puta! — dijo el general.

— Bueno, mi General, ¿se rinde o lo rendimos? — dijo Eusebia. — Y van a dejar sus armas, todos, hasta sus pinches dentaduras postizas — dijo Eusebia —, pa' que no muerdan, cabrones.

— ¡Están pendejos! — dijo el general y sacó su pistola.
Sus generales no se movieron.

— — No sean cobardes, estos pinches indios nacos se van a morir—. Empezó a disparar al aire.
Tiburcio el gigante lo agarró de la cintura, lo apretó hasta que tronaron huesos. El general se desmayó.

— ¡Ustedes, rapidito, entreguen sus armas!
Los dos generales rápidamente entregaron sus pistolas.

— A ver, déjame los reviso — dijo Eusebia. —Ora sí, güey, a ver qué armas portas. ¡Ah, cabrón, estás rebueno! ¡Qué pinches nalgotas te cargas!
Añadió Eusebia, al tiempo que decía:

— Te voy a dar un pellizco en las-me-prestas-atención.

— Oye, Eusebia, no te conocía esas mañas, negra golosa — dijo Pepe.

— ¡Cállate, pinche puto! Tú también andas como perro con la Tomasa y la Petra, ya te vi.

— Nos rendimos — dijeron los generales y levantaron las manos.

— ¿Qué nos van a hace cabrones? — preguntaron los generales.
Eusebia le dio una cachetada al general Ramón y le gritó:

— ¡Respétanos, cabrón! Ahora eres un prisionero de guerra y te podemos fusilar, pero antes, si se me antoja, me voy a dar un revolcón con ustedes.

— Sí — dijo Pepe —, calladitos, por favor, se ven más bonitos.

Los periodistas que estaban cerca empezaron a tomar fotos y videos, pero no los dejaron acercarse.

Como todo lo que inicia, acaba y tiene un final, aquí hubo por primera vez un comienzo de algo bueno, que nunca tendrá final, porque el descubrir la fuerza, el poder, el potencial de sumar uno más uno, igual a todos, nos da la ecuación de la unión, que, a su vez, se deriva en fuerza, en un potencial indescriptible, porque un grupo de personas unidas todas por un solo objetivo se asemeja a los átomos de uranio: cuando uno de ellos toca a otro, se desata una reacción en cadena que origina la fuerza más poderosa del universo, la explosión nuclear. Así es la gente humilde cuando se une y luchan todos juntos, hombro con hombro, por una causa común: su bienestar y el de su gente, sus familiares, sus amigos, que está en manos de políticos de mierda, esos que, en lugar de apoyar, de regar la semilla que mantiene un país, su gente, la juventud, los marginan y les dan migajas, los reprimen o los matan cuando en grupos pequeños exigen sus derechos; usan el dinero que les pertenece a los jóvenes para becas, escuelas, universidades, programas de investigación, para el beneficio personal de los servidores públicos, trapeadores públicos, porque limpian y lavan todo el dinero, se enriquecen de la manera más estúpida, acumulando riquezas con dinero ajeno, robando como vulgares delincuentes. Pero, como dije al principio, todo tiene un final, y a estos funcionarios públicos se les acabó la chichi. Todo mundo sabe que roban, pero, como dice el omnívoro Maussan: "nadie hace nada". Bueno, nadie hacía nada; ahora ese golpe de átomos desencadenó la primera revolución tecnológica. La juventud lo es todo para un país, es su esencia, son los cimientos sobre los que se construirá el futuro cercano del país, porque el tiempo pasa rápido. Los políticos se van a hacer viejos, son reemplazables. Y, a propósito, entre más viejos, más pendejos: perdieron la brújula, nunca aceptaron que los tiempos cambian, su voracidad no los deja compartir lo que no les pertenece, y eso, su ambición, los perdió. Si hubieran compartido el bienestar al pueblo que los eligió, otra cosa sería, pero no, su lógica pendeja llenó de mierda su cabeza: "tengo al ejército, yo mando, yo domino; tengo a jueces lamegüevos, a procuradores de dedazo, gobernadores, policías… ¡Qué chingao! Aquí se hace lo que nosotros decimos…". Sí, pendejos, se hacía.

Los jóvenes, los hijos del pueblo, les valen madre a las autoridades. No se les da becas a los estudiantes valiosos en todo el país. Un joven con inteligencia para ser ingeniero tiene que vender tamales para sobrevivir. No importa el buen promedio, aunque sean excelentes, se pierden en la mierda de un sistema hecho sólo para robar, un sistema de intereses de ver por el que más tiene; el jodido, el pobre, ésos no cuentan, no existen en sus proyectos. Como ya lo dije, son invisibles, no se ven, no existen. Aquí se trata de que el que más tiene, tenga más, y el que esté jodido, quede más jodido. El dinero para becas no alcanza. ¿Cómo va a alcanzar, si lo usan para publicidad de campañas políticas, en las que se gastan miles de millones de pesos? Para eso sí hay dinero, o para promover un político de mierda de la manera más estúpida y absurda, permitiendo que gente muera de hambre, sus gobernados... ¡Qué poca madre! Esos siempre les han valido madre. Gastan miles de millones en giras, diciendo las mismas pendejadas que nadie les cree. Mantenemos a miles de güevones que se enriquecen en los partidos políticos, la universidad de un político, donde hacen su maestría, la constituyen los partidos políticos. Ahora ya son universidades de primer mundo: los enseñan a robar, chingar, matar, secuestrar y toda la gama de linduras que sabe un delincuente para hacerse de dinero, menos servir al pueblo. Los que sirven al pueblo los reprueban por pendejos, los bloquean o de plano los desaparecen. Si tienen suerte, los corren y les cierran las puertas para siempre, porque aquí no se trata de servir al pueblo, se trata de chingarlo, se trata de que los políticos se compren residencias que cuestan millones. No caben los cabrones en una casa chica... qué va a decir la gente... "el señor diputado vive en una casa de interés social, ¡qué horror!". Les pagan favores con bienes, coches de lujo, viajes... y los jóvenes... esos que chinguen su madre: "Están fuertes, aguantan sin tragar, que estudien lo que puedan y que sus padres puedan pagarles, y si no pueden estudiar, ni modo, que se chinguen. Al cabo nacieron para ser jodidos. Ese era su destino. Y además, entre más ignorantes, mejor, así no abren los ojos, no se meten a redes sociales para estar chingando al Gobierno. ¡Qué bonito es tener gente ignorante que se cree todo lo que se le dices, y si son pendejos mejor!".

Nuestro sistema político se fue labrando poco a poco, acomodando las cartas a conveniencia para robar impunemente. Todos los servidores públicos participan en mayor o menor grado para que todo marche a la perfección, para su beneficio. No dejaron nada que permita tocarlos: ellos se hacen auditorías, ellos se castigan; nunca han respetado al pueblo, jamás lo han ayudado: sólo ven por ellos mismos; si compartieran una parte de lo que roban, si así nos gobernaran, compartiendo, sería otro país, sería otra nuestra situación, realmente habría bienestar, pero no: acomodaron el sistema para beneficiarse, se convirtieron en maestros del cinismo y la hipocresía. Y lo increíble pasó: obtuvieron la iluminación, son los avatares de la corrupción, a diferencia del Rey Midas, que lo que tocaba se convertía en oro, nuestros políticos todo lo que tocan se convierte en mierda.

Hace muchos años existió un imperio que dominaba al mundo: el imperio romano. Contaba con el mejor ejército, la mejor economía, la mejor cultura, pero algo ocurrió: se desmoronó como un gigante de pies de barro. Los pueblos bárbaros lo despedazaron, salvajes dirían ellos. Los bárbaros, ¡qué agradable coincidencia! Imagínese, nuestro sistema político actual, año 2015, que domina todo el territorio nacional se convirtió en un monstruo que mata, secuestra y roba impunemente. ¿Cómo puede desaparecer ese imperio político? Sí, adivinó usted: los pueblos bárbaros aún existen. Ellos los han creado. Los bárbaros, los 60 millones de pobres, que ahora son más, no disminuyen.

Ellos, los pueblos bárbaros, sumados a los pueblos bárbaros de la clase media, pueden, si quieren, desaparecer a la clase política, y no tanto desaparecerla, porque se necesita un gobierno, no desaparecerla, pero exigir un cambio, y si no se da, entonces sí, que el pueblo salga a la calle con todo su poder, con toda su fuerza, que se suelte el monstruo de la plebe, de la gente común, de los jodidos, y van a ver que no habrá ejército que los detenga. Sí habrá un cambio. Claro que sí. El pueblo manda. Esa clase política que se tomó atribuciones que no le correspondían, que usa la constitución para inventar leyes corruptas y usarlas en su beneficio, no puede mostrar todos sus bienes en las declaraciones patrimoniales porque la ley lo impide. Creen que estamos pendejos o idiotas. La ley la hicieron ellos para ocultar sus ganancias, para que no veamos que entran a la política como pinches infelices muertos de hambre y salen millonarios. Pero sí, los pueblos bárbaros son la solución. A exigirles rendir cuentas claras. Pero ahora el pueblo bárbaro, usando la constitución, los obligará a rendir cuentas de cada peso, de cada centavo que gasten. Ya perdieron la confianza, esa que se les ha dado por varios años, y el pueblo bárbaro ya no se las volverá a dar. Ahora sí se van a chingar a su madre juntos, o como quieran, uno por uno.

La juventud tiene el poder, la fortaleza, la energía, la inteligencia... unida con el pueblo puede enterrar a la clase política actual y cambiarla por una clase política honesta y que sirva a los intereses del pueblo, sólo del pueblo y cuando éste quiera, ¡escúchenlo bien!, cuando éste quiera... es cuestión de tiempo... está en la historia.

Bien, ésta es la narración de pueblos olvidados de un país ficticio, de un pueblo que se rebeló contra su gobierno de políticos corruptos. Cualquier parecido con la realidad es pura pinche coincidencia.

FIN

Juan Manuel Lozada Acosta

REFLEXIONES

"En tiempo de engaño universal, decir la verdad se convierte en un acto revolucionario."

Geoge Orwell

"Para escapar de su miserable suerte, el pueblo tiene tres caminos: dos imaginarios y uno real. Los dos primeros son la taberna y la iglesia. El tercero es la revolución social."

Mijail Bakunin

"Todo lo que una persona recibe sin haber trabajado, otra persona trabajo por ello, pero sin recibirlo. El gobierno no puede entregar nada a nadie, si antes no se lo ha quitado a otra persona.

Cuando el 50% de las personas llega a la conclusion de que no tienen que trabajar porque la otra mitad esta obligada a hacerse cargo de ellas, y cuando la otra mitad se convence de que no vale la pena trabajar porque alguien les quitará lo que han logrado con su esfuerzo, ese… es el fin de cualquier nación."

Aym Rand

"Si no hay justicia para el pueblo que no haya paz para el gobierno"

Emiliano Zapata

"La multitud, cuando ejerce su autoridad, es más cruel que los tiranos del oriente"

Sócrates

"Nadie se nos montará encima si no doblamos la espalda"

Martin Luther King

"El pueblo que se somete perece"

José Martí

"Seamos la pesadilla de los que pretenden arrebatarnos los sueños"

Ernesto Che Guevara

"Juro por el Dios de mis padres, juro por mi honor, que no dare tranquilidad a mi alma, ni descanzo a mi brazo, hasta ver rotas las cadenas que oprimen a mi pueblo por voluntad de los poderosos"

Simón Bolívar

"Lo que más irrita a los tiranos es la imposibilidad de poner grilletes al pensamiento"

Anónimo

"El capitalism foráneo y sus sirvientes oligárquicos y entreguistas han podido comprobar que no hay fuerza capaz de doblegar a un pueblo que tiene conciencia de sus derechos."

Eva Perón

"Tenemos el deber de buscar mil maneras y más para darle al pueblo la vida que necesita"

Hugo Chavez